當代中國政治

溫樂群、陳堅 著

　　當代中國政治制度源於革命戰爭年代，成型於新中國成立之初，發展於改革開放新時期。它既吸收了世界政治文明的優秀成果，又深深地根植於中國的土壤，具有鮮明的中國風格。儘管世界各國在制度和文化上存在這樣那樣的差異，但有一點是相通的，富強、民主、文明是各國人民的共同追求。中國共產黨就是把實現大多數人的民主作為矢志不渝的執政目標，作為實現中華民族偉大復興中國夢的目標之一。

　　從現代民主政治發展史來看，由於各國的歷史、文化、傳統、地緣、發展階段等差異，不同國家的人民爭取和發展民主政治的道路是不同的。中國的民主道路是從反帝反封建、爭取民族獨立和人民解放開始的，這是中國民主政治的第一步，也是最關鍵的一步。中國近代以來的民族民主革命，就是把國家自主權奪回到中國人自己的手中，改變自一八四〇年鴉片戰爭以來逐步淪為半殖民地半封建社會，中國人民深受帝國主義、封建主義、官僚資本主義壓迫欺凌的悲慘命運。民族獨立和解放，是那個時代所有中國人和中華民族的共同心願，體現了全體中國人民的意志。因此，從人民意志角度來說，中華人民共和國的成立意味著中國民主政治的初步實現。

　　新中國成立後，中國共產黨尊重中國人民的意願，考慮到中國特殊的

國情和歷史，建立起代表人民意志的人民民主的國家政權，創建了人民代表大會制度、中國共產黨領導的多黨合作和政治協商制度、民族區域自治制度和基層群眾自治制度。這些具有中國特色社會主義政治制度，是當代中國民主政治的基石，體現了人民當家作主的政治理念。

二十世紀七〇年代末、八〇年代初，隨著國際國內形勢的變化，中國共產黨和中國政府主動打開國門，實行改革開放新政策。為了適應改革開放的新要求，中國共產黨和中國政府一方面堅持中國社會主義基本政治制度不變，另一方面則拋棄傳統的僵化的蘇聯模式的政治體制和運行機制，實行政治體制改革，推動社會主義民主政治建設。經過多年的改革與探索，當代中國政治形成了堅持黨的領導、人民當家作主和依法治國三者統一的基本格局，或者說基本特徵。在這樣一個基本格局下，中國的民主法治建設有了長足的進展，人民行使民主權利的形式日益多樣化，國家領導體制、政治運行機制、行政管理體制走向完善，反腐敗與廉政建設體系逐步健全起來，等等。在上述民主政治改革與發展的基礎上，二〇一三年十一月，具有歷史意義的中共十八屆三中全會開啟了全面改革的新時代，對下一步中國政治體制改革作了更加深入的規劃，如政治運行方式、政府審批權、反腐廉政體制、司法審判和檢察體系、勞動改造制度等一系列改革已經付諸行動，並取得突破性成效。

我們有理由相信，在業已成熟的中國共產黨領導下，中國特色社會主義民主法制將會不斷健全、完善和發展，中國特色社會主義民主政治建設將會呈現出更蓬勃的生機和更旺盛的活力。同時，中國近數十年來的快速發展也充分證明，走中國人民自己選擇的中國特色社會主義民主政治發展道路，中國人民不僅能夠實現自己當家作主的願望，而且能夠逐步實現國家的富強、民主和文明。

目錄

第一章

中國特色社會主義
民主政治制度

民主政治制度是人類政治文明發展的制度化成果，也是世界各國普遍的制度追求。但是，由於各個國家和民族的具體情況不同，民主政治的發展道路和制度模式也是多樣化的。中國在經歷了二千多年的封建社會和一百多年的半殖民地半封建社會之後，在執政的中國共產黨的領導下逐步探索並確立了中國特色社會主義民主政治發展道路，其基本內容就是要堅持中國共產黨的領導、人民當家作主和依法治國的統一，堅持和完善人民代表大會制度、中國共產黨領導的多黨合作和政治協商制度、民族區域自治制度以及基層群眾自治制度，不斷推進社會主義政治制度自我完善和發展。

人民代表大會制度、中國共產黨領導的多黨合作和政治協商制度、民族區域自治制度以及基層群眾自治制度，就是中國特色社會主義民主政治制度的基本內容，也是中國人民民主的主要實現形式。

民主集中基礎上的人民代表大會制度

《中華人民共和國憲法》明確規定：「中華人民共和國的一切權力屬於人民。人民行使國家權力的機關是全國人民代表大會和地方各級人民代表大會。」人民代表大會制度是中國人民當家作主、參與管理國家事務和社會事務的根本政治制度，是中國的政體。中國各族人民主要通過全國人民代表大會和地方各級人民代表大會實現當家作主的政治權利。

人民代表大會制度的基本內容主要有以下幾個方面：

▲ 一九五四年九月二十日，中華人民共和國第一屆全國代表大會第一次會議通過頒佈《中華人民共和國憲法》，圖為當時的表決樣票。

一、全國人民代表大會和地方各級人民代表大會都由民主選舉產生，對人民負責，受人民監督。

　　目前，中國的全國人大和地方省、市、縣、鄉鎮各級人大代表共有二百六十多萬人，他們是各級人民代表大會的主體，是各級國家權力機關的組成人員，代表全中國十三億多各民族人民的利益和意志，依法參加行使國家權力。

　　這二百六十多萬人大代表是通過直接和間接選舉產生的。全國人大代表以及省、自治區、直轄市、設區的市、自治州的人大代表，由下一級人民代表大會選舉產生。不設區的市、市轄區、縣及鄉鎮一級的人民代表大會代表，由選民直接選舉產生。年滿十八歲的中國公民，不分民族、種族、性別、職業、家庭出身、宗教信仰、教育程度、財產狀況和居住期限，都有選舉權和被選舉權。

　　全國人大代表總名額不超過三千人，由三十二個省、自治區、直轄市的人民代表大會和人民解放軍選舉產生。香港、澳門兩個特別行政區代表名額和代表產生辦法由全國人大另行規定。

　　省、自治區、直轄市的人大代表名額基數為三百五十人，省、自治區每十五萬人可以增加代表一名，直轄市每二點五萬人可以增加代表一名。代表總名額不得超過一千名。

　　設區的市、自治州的人大代表名額基數為二百四十名，每二點五萬人可以增加代表一名。人口超過一千萬的，代表名額不得超過六百五十名。

　　不設區的市、市轄區、縣、自治縣的人大代表名額基數為一百二十名，每五千人可以增加一名代表。人口超過一百六十五萬的，代表總名額不得超過四百五十名；人口不足五萬的，代表名額可以少於一百二十名。

鄉、民族鄉、鎮的人大代表名額基數為四十名，每一千五百人可以增加一名代表，但是代表總名額不得超過一百六十名；人口不足二千的，代表總名額可以少於四十名。

　　代表候選人的產生，按照選區或者選舉單位提名產生。各政黨、各人民團體可以聯合或者單獨推薦代表候選人。選民或者代表十人以上可以聯名推薦代表候選人。

▲ 選民投票選舉人大代表

全國和地方各級人民代表大會代表均實行差額選舉。縣、鄉兩級代表候選人的人數應多於應選代表名額的三分之一至一倍；縣以上的地方各級人民代表大會選舉上一級人大代表的，代表候選人的人數應多於應選名額的五分之一至二分之一。

人民代表的選舉是嚴格依照法定程序進行的，並接受監督。在選舉縣、鄉兩級人民代表時，選民憑身分證或選民證領取選票，並在所在選區設立的投票站，以無記名投票的方式進行選舉。選區全體選民過半數參加投票，選舉有效。代表候選人獲得參加投票的選民過半數的選票時，才能當選。縣以上的地方各級人民代表大會選舉上一級人大代表時，代表候選人獲得全體代表過半數的選票時，才能當選。獲得過半數選票的代表候選人超過應選代表名額時，以得票多的當選。如果遇到票數相等不能確定當選人時，應就票數相等的候選人再次投票，以得票多的當選。當選代表少於應選代表名額時，不足名額另行選舉。

人民代表受選民和原選舉單位的監督。選民或原選舉單位有權罷免所選出的代表。縣、鄉兩級人民代表，原選區選民五十人或三十人以上聯名，寫明罷免理由書面向縣級人大常委會提出罷免要求。被提出罷免的代表有權提出書面申辯意見。縣級人大常委會將罷免要求和被提出罷免代表的書面申辯意見印發給原選區選民。經由原選區選民以無記名投票方式表決，過半數選民通過後，報送上一級人大常委會備案、公告，則罷免生效。縣以上的地方各級人民代表大會舉行會議時，主席團或者十分之一以上代表聯名，以及常務委員會主任會議或者常務委員會五分之一以上組成人員聯名，可以提出對由該級人大選出的上一級人大代表的罷免案。罷免案應寫明罷免理由。被提出罷免的代表有權書面提出申辯意見，由主席團

▲ 北京人民大會堂，每年三月，全國人大代表相聚於此，共商國是。

或主任會議印發並經審議後，提請全體會議無記名投票表決。經該級人大代表或常委會組成人員過半數通過後，報送上一級人大常委會備案、公告。

選舉權和被選舉權是人民行使國家權力的重要標誌。中國人民主要通過民主選舉人民代表參與國家事務、社會事務的管理。

二、全國人民代表大會是最高國家權力機關。全國人大常委會是全國人大的常設機關，是最高國家權力機關的組成部分。

全國人民代表大會每屆任期五年，每年舉行一次會議。

▲ 出席全國人民代表大會的各族代表

全國人民代表大會行使以下職權：修改憲法；監督憲法的實施；制訂和修改刑事、民事、國家機構的和其他的基本法律；選舉國家主席、副主席；根據國家主席的提名，決定國務院總理的人選；根據國務院總理的提名，決定國務院副總理、國務委員、各部部長、各委員會主任、審計長、秘書長的人選；選舉中央軍事委員會主席；根據中央軍事委員會主席的提名，決定中央軍事委員會其他組成人員的人選；選舉最高人民法院院長；選舉最高人民檢察院檢察長；審查和批准國民經濟和社會發展計劃和計劃

▲ 代表們通過全國人大信息系統查閱提交的議案。

執行情況的報告；審查和批准國家預算和預算執行情況的報告；改變或者撤銷全國人大常委會不適當的決定；批准省、自治區、直轄市的建置；決定特別行政區的設立及其制度；決定戰爭和和平問題；應當由最高國家權力機關行使的其他職權。

全國人大有權罷免下列人員：國家主席、副主席；國務院總理、副總理、國務委員、各部部長、各委員會主任、審計長、秘書長；中央軍事委員會主席和中央軍事委員會其他組成人員；最高人民法院院長；最高人民檢察院檢察長。

由於全國人民代表大會代表人數較多，不便於經常開會討論決定問題，為此全國人大設立常務委員會，作為它的常設機關。全國人大常委會是最高國家權力機關的組成部分，在全國人大閉會期間，行使部分最高國家權力機關的職權，討論決定除應當由全國人大討論決定外的其他一系列國家重大問題，這樣可以保證最高國家權力機關經常性地、有效地運作。在全國人大閉會期間，國務院、中央軍事委員會主席、最高人民法院和最高人民檢察院向全國人大常委會負責。

全國人大常委會由委員長、副委員長、秘書長和委員組成。全國人大常委會組成人員由全國人大選舉產生，候選人由大會主席團從全國人大代表中提名，經全體代表醞釀討論後確定正式候選人，交大會選舉。可以說，常委會組成人員是全國人大的常務代表。全國人大常委會向全國人大負責和報告工作，接受全國人大的監督。全國人大有權罷免全國人大常委會組成人員，有權改變或者撤銷全國人大常委會作出的不適當的決定。如果常委會組成人員因各種原因喪失代表資格，其常委會組成人員的職務也相應終止。

▲ 二〇一四年三月五日至十三日，第十二屆全國人民代表大會第二次會議在北京召開。

全國人大常委會組成人員的產生實行差額選舉，任期五年。現在的第十二屆全國人大常務委員會有一百七十五名組成人員。

憲法規定，全國人大常委會組成人員不得擔任行政機關、審判機關和檢察機關的職務。如果上述機關人員當選全國人大常委會組成人員，應辭去原有職務；如果全國人大常委會組成人員被選舉或任命擔任上述機關的職務，則必須辭去全國人大常委會的職務。這樣可以保證全國人大常委會對上述機關的工作進行有效的監督，保證常委會組成人員能夠集中精力從事人大工作。

全國人大常委會實行民主集中制，通過召集和舉行會議，集體行使權力，依照法定程序，作出決定。

全國人大常委會會議一般每兩個月舉行一次，會期五天左右，召開的時間一般在雙月的下旬。如有特殊需要時，可以臨時召集常委會會議。常委會會議由委員長召集並主持，委員長可以委託副委員長主持會議。

常委會會議必須有全體常委會組成人員過半數以上參加，才得舉行。常委會表決議案，必須由常委會全體組成人員的過半數通過，才能生效。

常委會舉行會議時，下列人員列席會議：國務院、中央軍委、最高人民法院、最高人民檢察院的負責人，不是常委會委員的人大專門委員會組成人員，常委會副秘書長、工作委員會主任和副主任，其他有關部門負責人，各省、自治區、直轄市人大常委會主任或副主任一人。全國人大代表經邀請可以列席會議。列席會議人員有發言權，但沒有表決權。

常委會會議和常務委員會的工作由常務委員會委員長主持，副委員長、秘書長協助委員長工作。為使常委會閉會期間的日常工作得到及時處理，並為常委會的召開作好組織籌備工作，根據全國人大組織法規定，全

國人大常委會委員長、副委員長、秘書長組成委員長會議，負責處理常委會的重要日常工作，包括：決定每次會議的會期，擬定會議議程草案；對向常委會提出的議案和質詢案，決定交由有關的專門委員會審議或者提請常委會全體會議審議；指導和協調各專門委員會的重要日常工作；處理常委會其他重要日常工作。除此之外，委員長會議還有一項重要工作，即向全國人大常委會提出議案。委員長會議根據工作需要，可以委託常委會的工作委員會、辦公廳代擬議案草案，經委員長會議審議通過後向常委會提出。委員長會議由委員長召集和主持，委員長可以委託副委員長主持會議。

為加強全國人大及其常委會的工作，更有效地審議各項議案，全國人

表決《第十二屆全國人民代表大會第二次會議關于政府工作報告的決議（草案）》

◀ 第十二屆全國人民代表大會第二次會議，表決關於政府工作報告的決議草案。

大還設立了九個專門委員會，即民族委員會、法律委員會、財政經濟委員會、教育科學文化衛生委員會、外事委員會、華僑委員會、內務司法委員會、環境與資源保護委員會、農業與農村委員會。專門委員會是全國人大的常設專門機構，受全國人大及其常委會的領導，協助全國人大及其常委會行使職權。各專門委員會由主任委員、副主任委員和委員組成，其人選由大會主席團在代表中提名，大會表決通過。

專門委員會的主要職責是：審議全國人大主席團或者全國人大常委會交付的議案、質詢案和被認為同憲法、法律相牴觸的規範性文件，提出報告；向全國人大主席團或者全國人大常委會分別提出屬於全國人大職權範圍和常委會職權範圍內同本委員會有關的議案；對屬於全國人大或全國人大常委會職權範圍內同本委員會有關的問題，進行調查研究，提出建議。專門委員會還協助全國人大常委會開展監督工作，開展執法檢查和整改工作的跟蹤檢查，協助常委會聽取和審議專項工作報告以及專題詢問等。

▲ 第十二屆全國人代二次會議記者招待會

全國人大常委會的職權是由人民代表大會制度所決定的，是人民代表大會統一行使國家權力的有機組成部分。《憲法》第六十七條賦予全國人大常委會的職權有二十一項，概括起來，主要有立法權、監督權、重大事項決定權、人事任免權等四個方面。

（一）立法權

立法權即依照法定程序制訂、修改、補充、解釋或者廢止法律的權力，是一項重要的國家權力。中國現行憲法對立法權限的劃分作了基本的界定，確立了具有中國特色的立法體制，即統一的、分層次的立法體制。在這個立法體制中，全國人大及其常委會行使國家立法權，具有最高地位。

國家立法權是以國家名義制訂法律的權力，具有權威性。行使國家立法權，是集中體現中國共產黨的主張和全國各族人民的共同意志、維護國家法制統一的重大政治活動。根據憲法規定，全國人大和它的常委會共同行使國家立法權。

根據憲法和立法法，全國人大及其常委會在行使國家立法權上的分工是：全國人大制訂和修改刑事、民事、國家機構的和其他的基本法律，例如刑法、刑事訴訟法，民法通則、物權法、民事訴訟法，全國人大組織法、國務院組織法、地方組織法等；全國人大常委會制訂和修改除應由全國人大制訂的法律以外的其他法律，在全國人大閉會期間，對全國人大制訂的法律進行部分補充和修改，但是不得同該法律的基本原則相牴觸。

按照立法法的規定和實踐中的做法，全國人大修改憲法、制訂和修改基本法律，一般也要先經常委會審議，由全國人大常委會向全國人大提出議案，或者尤其他國家機關依法向全國人大提出議案，再由全國人大會議

審議通過。

根據需要對憲法和法律進行解釋，是與行使國家立法權緊密相關的又一項重要工作。憲法明確規定法律解釋權屬於全國人大常委會。當法律的規定需要進一步明確具體含義，或者法律制訂後出現新的情況，需要明確適用的法律依據時，由全國人大常委會進行法律解釋。全國人大常委會對法律的解釋屬於立法解釋，這種解釋同法律具有同等效力。

（二）監督權

監督權是憲法和法律賦予全國人大及其常委會的又一項重要職權，包括工作監督和法律監督兩方面內容。其中全國人大常委會承擔著大量的、經常性的監督工作。

全國人大常委會的監督是中國共產黨和國家監督體系的重要組成部分，具有法律效力。全國人大常委會依法對「一府兩院」進行監督，既是一種制約，又是一種支持。全國人大常委會行使監督權，目的在於確保憲法和法律得到正確實施，維護社會主義法制的統一、尊嚴和權威；確保行政權、審判權、檢察權得到正確行使，推進「一府兩院」依法行政、公正司法和改進工作；確保公民、法人和其他組織的合法權益得到切實尊重和維護，實現好、維護好、發展好廣大人民的根本利益和切身利益。

按照監督法的規定，全國人大常委會的監督工作主要包括：聽取和審議「一府兩院」專項工作報告；審查和批准決算，聽取和審議計劃、預算的執行情況報告和審計工作報告；組織執法檢查，對法律的實施情況進行檢查監督；進行規範性文件的備案審查等。為保證憲法和法律得到正確實施，維護國家法制的統一，全國人大常委會有權撤銷國務院制訂的同憲法、法律相牴觸的行政法規、決定和命令；撤銷省、自治區、直轄市制訂

▲ 全國人大常委會會議

的同憲法、法律和行政法規相牴觸的地方性法規和決議。最高人民法院、最高人民檢察院作出的具體應用法律的解釋，依法應當報全國人大常委會備案審查。

（三）重大事項決定權

依照憲法規定，全國人大常委會的重大事項決定權主要包括：在全國人大閉會期間，審查和批准國民經濟和社會發展計劃、國家預算在執行過程中所必須作的部分調整方案；決定同外國締結的條約和重要協定的批准和廢除；規定軍人和外交人員的銜級制度和其他專門銜級制度；規定和決定授予國家的勛章和榮譽稱號；決定特赦；在全國人大閉會期間，如果遇到國家遭受武裝侵犯或者必須履行國際間共同防止侵略的條約的情況，決定戰爭狀態的宣佈；決定全國總動員或者局部動員；決定全國或者個別省、自治區、直轄市進入緊急狀態，等等。

▲ 全國人大常委會辦公廳舉行新聞發佈會。

（四）人事任免權

依照憲法規定，全國人大行使對國家機關領導人員的選舉或決定任命權。在全國人大閉會期間，全國人大常委會行使對國家機關領導人員的任免權。選舉或決定任免國家機關領導人員，組織國家機關，是使國家政權真正掌握在人民手中的重要途徑。

在全國人大閉會期間，全國人大常委會根據國務院總理的提名，決定國務院的部長、委員會主任、審計長、秘書長的人選；根據中央軍事委員會主席的提名，決定中央軍事委員會其他組成人員的人選；根據委員長會議的提名，補充任命專門委員會個別副主任委員和部分委員人選；根據最高人民法院院長的提請，任免最高人民法院副院長、審判員、審判委員會委員和軍事法院院長；根據最高人民檢察院檢察長的提請，任免最高人民檢察院副檢察長、檢察員、檢察委員會委員和軍事檢察院檢察長，並且批准省、自治區、直轄市的人民檢察院檢察長的任免；決定國家駐外全權代表的任免。

在全國人大閉會期間，常委會可以接受常委會組成人員、國家主席、副主席、總理、副總理、國務委員、中央軍委主席、最高人民法院院長和最高人民檢察院檢察長的辭職，報請全國人大下次會議確認。全國人大閉會期間，國務院、中央軍委、最高人民法院和最高人民檢察院正職領導缺位的，可分別從上述機關的副職領導人中決定代理人選。

全國人大常委會依照憲法和法律規定行使以上四個方面的職權，是受人民委託、代表全國各族人民的意志和利益，行使管理國家事務權力的重要內容。

三、地方各級人民代表大會是地方國家權力機關。

中國各個省、直轄市、縣、市、市轄區、鄉、民族鄉、鎮均設立人民代表大會。自治區、自治州、自治縣設立自治機關。地方各級人民代表大會是地方國家權力機關。縣級以上的地方各級人民代表大會設立常務委員會。

　　省、直轄市、設區的市的人民代表大會每屆任期五年。縣、不設區的市、市轄區、鄉、鎮的人民代表大會每屆任期三年。

　　地方各級人民代表大會的權力包括：在本行政區域內，保證憲法、法律、行政法規的遵守和執行；依據法律規定的權限，通過和發佈決議，審查和決定地方的經濟建設、文化建設和公共事業建設計劃；選舉並有權罷免本級人民政府的省長和副省長、市長和副市長、縣長和副縣長、區長和副區長、鄉長和副鄉長、鎮長和副鎮長。

　　除上述權力外，縣級以上地方各級人民代表大會還有權審查和批准本行政區域的國民經濟和社會發展計劃、預算及其執行情況的報告；有權改變和撤銷本級人民代表大會常務委員會不適當的決定；選舉並有權罷免本級人民法院院長和人民檢察院檢察長。其中選出或者罷免人民檢察院檢察長，須報上級人民檢察院檢察長提請該級人大常委會批准；選舉並有權罷免本級人民代表大會常務委員會的組成人員。

　　省、直轄市的人民代表大會及其常委會，在不與憲法、法律、行政法規相牴觸的前提下，可以制訂地方性法規，報全國人大常委會備案。

　　縣級以上的地方各級人民代表大會所設立的常務委員會由主任、副主任若干人和委員若干人組成，對本級人民代表大會負責並報告工作。常委會組成人員不得擔任國家行政機關、審判機關和檢察機關的職務。

　　縣級以上地方各級人民代表大會常務委員會的職權包括：討論和決定

▲ 二〇一四年一月，北京市十四屆人大二次會議會場。

本行政區域內各方面工作的重大事項；監督本級人民政府、人民法院、人
民檢察院的工作；撤銷本級人民政府不適當的決定和命令；撤銷下一級人
民代表大會不適當的決議；依照法律規定的權限決定國家機關工作人員的
任免；在本級人民代表大會閉會期間，罷免和補選上一級人民代表大會的
個別代表。

　　人民代表大會制度是一項適合中國國情的制度創建，既體現了國家的
社會主義性質，保障了國家的穩定和發展，也能夠保證人民在參與國家、
社會管理過程中的共同意志和根本利益。其突出的特點就是實行民主集中
制，不搞三權分立。人民代表大會制度是按照民主集中制原則組織和運作

的國家政權制度，它由各級人民代表大會代表人民統一行使國家權力，「一府兩院」由本級人大產生，對本級人大負責，受本級人大監督。各國家機關雖然分工不同、職責不同，但目標是完全一致的，都由中國共產黨統一領導，在各自職權範圍內貫徹落實黨的路線方針政策和憲法法律，圍繞黨和國家工作大局開展工作，共同為建設中國特色社會主義服務。這樣一種政權制度，充分體現了民主與集中的統一，既有利於維護和保證人民當家作主，充分調動廣大人民建設國家的積極性，又有利於國家機關對經濟、政治、文化、社會事務的高效管理。

中國共產黨領導的多黨合作和政治協商制度

中國共產黨領導的多黨合作和政治協商制度，是中國共產黨與各民主黨派在中國革命、建設和改革的長期實踐中確立和發展起來的，是中國共產黨同各民主黨派風雨同舟、團結奮鬥的成果，是當代中國的一項基本政治制度，是中國特色社會主義民主政治制度的重要形式。

中國共產黨領導的多黨合作

在當代中國，除中國共產黨外，目前還有八個民主黨派，即中國國民黨革命委員會（簡稱民革）、中國民主同盟（簡稱民盟）、中國民主建國

▲ 二〇一二年十一月八日，中國共產黨第十八次全國代表大會在北京開幕。

會（簡稱民建）、中國民主促進會（簡稱民促）、中國農工民主黨（簡稱農工黨）、中國致公黨（簡稱致公黨）、九三學社和臺灣民主自治同盟（簡稱臺盟）。

這八個民主黨派都誕生於二十世紀三四十年代，並且從一開始就與中國共產黨建立了互濟互助的合作關係。在新民主主義革命時期，各民主黨派與中國共產黨相互合作、相互支持，共同為爭取實現民族解放和人民民主進行了不懈的奮鬥。中華人民共和國成立之後，各民主黨派與執政的中國共產黨建立起密切的政治聯盟，各自聯繫社會主義勞動者、社會主義事業建設者及擁護社會主義的愛國者，共同為中國社會主義建設和中華民族偉大復興進行長期奮鬥。一九五六年，毛澤東在總結中國共產黨與各民主黨派長期合作的歷史經驗和國際共產主義運動的教訓時說：「究竟是一個黨好，還是幾個黨好？現在看來，恐怕是幾個黨好。不但現在如此，而且將來也可以如此，就是長期共存，互相監督。」「這對黨，對人民，對社會主義比較有利。」於是，「長期共存，互相監督」被確立為中國共產黨與各民主黨派關係的政治原則。

進入改革開放新時期以後，中國共產黨重新恢復這一原則，並加以發展。一九八二年，中共十二大報告中進一步提出了「長期共存，互相監督，肝膽相照，榮辱與共」的十六字方針，這成為中國共產黨在改革開放和社會主義建設新的歷史時期正確處理與各民主黨派關係的基本政治原則，也標誌著中共與各民主黨派之間形成了新型的合作關係。一九八九年十二月，中共中央制訂並頒佈的《中共中央關於堅持和完善中國共產黨領導的多黨合作和政治協商制度的意見》中，首次提出了「參政黨」概念，明確指出，各民主黨派是「接受中國共產黨領導的，同中國共產黨通力合

全国政协十二届一次会议记者会

▲ 二〇一三年三月六日，全國政協十二屆一次會議舉行記者會，各民主黨派中央主席集體接受媒體採訪。

作，共同致力於社會主義事業的親密友黨，是參政黨」。

　　中國共產黨領導的多黨合作制度，其首要前提是堅持中國共產黨的領導。在中國共產黨的領導下，各民主黨派參與執政，通過各種形式、各種途徑，程度不同地參與到國家大政方針、法律法規的制訂執行中，參與到國家政權和各項國家事務的管理中。中國共產黨與各民主黨派之間不存在競爭關係，也不存在競選行為，更不存在政黨的輪替執政。在黨派關係上，中國共產黨與各民主黨派之間是親密合作的友黨關係；在國家政治制度上，中國共產黨是執政黨，各民主黨派是參政黨。這是中國共產黨領導的多黨合作制度與一些國家實行的多黨制、兩黨制的本質區別。鄧小平曾指出：「在中國共產黨的領導下，實行多黨派合作，這是我國具體歷史條件和現實條件所決定的，也是我國政治制度中的一個特點和優點。」

根據憲法規定，中國共產黨與各民主黨派都必須以憲法為根本活動準則，都負有維護憲法權威、保證憲法實施的職責。各民主黨派不是反對黨或在野黨，他們通過發揮參政功能，實現並保證在國家政治權力結構中的地位，同時通過不斷提高自身素質和加強自身建設，提升自身的參政能力和擴大自身的影響力。

中國人民政治協商會議與政治協商制度

中國人民政治協商會議是中國共產黨領導的多黨合作和政治協商的重要機構，是中國政治生活中發揚社會主義民主的重要形式。團結和民主是中國人民政治協商會議的兩大主題。

一九四九年九月，中國人民政治協商會議第一屆全體會議代行全國人民代表大會的職權，代表全國人民的意志，宣告中華人民共和國成立，通過了具有臨時憲法性質的《中國人民政治協商會議共同綱領》，選舉產生了中華人民共和國中央人民政府委員會和中國人民政治協商會議第一屆全國委員會，發揮了重要的歷史作用。一九五四年第一屆全國人民代表大會召開後，中國人民政治協商會議繼續在國家的政治生活和社會生活中發揮重要作用，並作出了重要的貢獻。一九七八年十二月中國共產黨十一屆三中全會以來，在改革開放和社會主義建設新的歷史時期，中國人民政治協商會議促進參加該會議的各黨派、無黨派人士的團結合作，充分體現和發揮中國社會主義政黨制度的特點和優勢，在國家政治、經濟、文化等建設事業中進一步發揮重要作用。

中國人民政治協商會議的重要職能是政治協商、民主監督、參政議政。

▲ 一九四九年九月，中國人民政治協商會議第一屆全體會議在北京召開。

　　政治協商就是中國共產黨與各民主黨派、人民團體及各方面代表人士，在共同遵守憲法和法律的基礎上，就國家和地方的大政方針以及政治、經濟、文化和社會生活中的重要問題，在決策之前、決策執行過程中進行各種形式的充分討論、有效協商，以期解決問題。政治協商是中國共產黨領導的多黨合作的重要體現，是各級政府實行科學民主決策的重要環節，是中國共產黨提高執政能力的重要途徑。

　　民主監督就是對國家憲法、法律和法規的實施，重大方針政策的貫徹執行、國家機關及其工作人員的工作，通過建議和批評進行監督。民主監督是當代中國社會主義監督體系的重要組成部分。

　　參政議政就是對政治、經濟、文化和社會生活中的重要問題以及人民

群眾普遍關心的問題，開展調查研究，反映社情民意，進行協商討論。通過調研報告、提案、建議案或其他形式，向中國共產黨和國家機關提出意見和建議。參政議政是人民政協履行職能的重要形式。

中國人民政治協商會議已經成為中國共產黨實現決策科學化、民主化的重要保障，成為實現政治溝通的主要渠道。政治協商制度也已經成為中國人民當家作主，參與國家事務、社會事務管理和監督的重要制度形式。

中國人民政治協商會議的組織架構

中國人民政治協商會議設全國委員會和地方委員會。

政協全國委員會由中國共產黨、各民主黨派、無黨派人士、人民團體、各少數民族和各界的代表，香港特別行政區同胞、澳門特別行政區同胞、臺灣同胞和歸國僑胞的代表以及特別邀請的人士組成。

政協全國委員會每屆任期五年，設主席、副主席若干人、秘書長。政協全國委員會第一屆至第十屆主席（1949 年至 2012 年）分別是：毛澤東（第一屆；第二至第四屆名譽主席）、周恩來（第二至第四屆）、鄧小平（第五屆）、鄧穎超（第六屆）、李先念（第七屆）、李瑞環（第八、第九屆）、賈慶林（第十屆、第十一屆）。現任第十二屆全國政協主席為俞正聲。

政協全國委員會設若干界別，歷屆政協界別隨著國家形勢的發展和經濟社會結構的變化不斷進行調整。政協第十二屆全國委員會共設三十四個界別。

中國人民政治協商會議第十二屆全國委員會三十四個界別一覽		
1. 中國共產黨	2. 中國國民黨革命委員會	3. 中國民主同盟
4. 中國民主建國會	5. 中國民主促進會	6. 中國農工民主黨
7. 中國致公黨	8. 九三學社	9. 臺灣民主自治同盟
10. 無黨派人士	11. 中國共產主義青年團	12. 中華全國總工會
13. 中華全國婦女聯合會	14. 中華全國青年聯合會	15. 中華全國工商業聯合會
16. 中國科學技術協會	17. 中華全國臺灣同胞聯誼會	18. 中華全國歸國華僑聯合會
19. 文化藝術界	20. 科學技術界	21. 社會科學界
22. 經濟界	23. 農業界	24. 教育界
25. 體育界	26. 新聞出版界	27. 醫藥衛生界
28. 對外友好界	29. 社會福利和社會保障界	30. 少數民族界
31. 宗教界	32. 特邀香港人士	33. 特邀澳門人士
34. 特別邀請人士		

　　全國政協委員是中國各個領域、各個界別有代表性和有社會影響、有參政議政能力的人物，以協商推薦的方式產生。每屆政協委員名額和人選經上屆全國委員會主席會議審議同意後，由常務委員會協商決定。

　　政協第十二屆全國委員會共有委員二二三七人。其中，中共委員八九五人，占 39.99％；非中共委員一三四二人，占 60.01％；婦女委員三九三名，占 17.6％。五十六個民族都有委員。此外，還有中國各大宗教團體負責人，有臺灣同胞和香港、澳門各界知名人士，有外國血統的中國籍專家，有在社會變革中出現的新的社會階層的代表人物等。

政協全國委員會全體會議每年舉行一次。常務委員會認為必要時，可以臨時召集。

政協全國委員會全體會議行使下列職權：一、修改中國人民政治協商會議章程，監督章程的實施；二、選舉全國委員會的主席、副主席、秘書長和常務委員；三、聽取和審議常務委員會的工作報告；四、討論本會重大工作方針、任務並作出決議；五、參與對國家大政方針的討論，提出建議和批評。

政協全國委員會設常務委員會主持會務。常務委員會由全國委員會主席、副主席、秘書長、常務委員組成，其候選人從政協委員中產生，由參加政協全國委員會的各黨派團體、各族各界人士協商提名，經全國委員會全體會議選舉產生。全國委員會主席主持常務委員會的工作，副主席、秘書長協助主席工作。主席、副主席、秘書長組成主席會議，處理常務委員會的重要日常工作。

政協全國委員會常務委員會行使以下職權：一、解釋中國人民政治協商會議章程，監督章程的實施；二、召集並主持中國人民政治協商會議全國委員會全體會議，每屆第一次全體會議由會議選舉主席團主持；三、組織實現中國人民政治協商會議章程規定的任務；四、執行全國委員會全體會議的決議；五、全國委員會全體會議閉會期間，審查通過提交全國人民代表大會及其常務委員會或國務院的重要建議案；六、根據秘書長的提議，任免中國人民政治協商會議全國委員會副秘書長；七、決定中國人民政治協商會議全國委員會工作機構的設置和變動，並任免其領導成員。

政協全國委員會根據工作需要設立若干專門委員會及其他工作機構。專門委員會是在常務委員會和主席會議領導下，組織委員進行經常性活動

▲ 二〇一四年三月三日，中國人民政治協商會議第十二屆全國委員會第二次會議在北京人民大會堂開幕。

的工作機構。各專門委員會設主任一人，副主任、委員若干人。

政協十二屆全國委員會設立九個專門委員會：提案委員會、經濟委員會、人口資源環境委員會、教科文衛體委員會、社會和法制委員會、民族和宗教委員會、港澳臺僑委員會、外事委員會、文史和學習委員會。

中國政協的地方委員會包括省、自治區、直轄市委員會，自治州、地級市委員會，縣、縣級市委員會三級。中國各省、自治區、直轄市，自治州、設區的市，縣、自治縣、不設區的市和市轄區，凡有條件的地方都設立了政協組織。截至二〇一二年底，各級地方政協委員會有三一一八個，共有各級地方政協委員六十三點二萬人。

中國政協各級地方委員會每屆任期五年，各級地方委員會及其常務委

▲ 政協委員深入基層進行調研。

員會的組成、產生辦法、主要職責和工作機構的設置等,根據政協章程的規定,結合當地實際情況,參照全國委員會的做法而定。

上級政協組織對下級政協組織的關係是指導關係,其指導形式主要有:列席上級政協的全體會議、常委會議及其他重要的工作會議;上級政協定期或不定期召開經驗交流會等會議;上級政協的主席、副主席或其他領導人到下級政協視察指導工作;上級政協定期或不定期舉辦培訓班,分期分批培訓下級政協的領導人、政協委員和機關工作人員;上級政協和下級政協之間加強信息溝通和交流,建立暢通的信息工作網絡;上級政協就一些重要問題同下級政協開展聯合調研。

實踐證明,六十多年來,中國人民政治協商會議在國家政治生活、社

會生活、對外友好活動、社會主義現代化建設及維護國家統一、民族團結等過程中，都發揮了重要作用。中國共產黨領導的多黨合作和政治協商制度在國家政治、經濟、社會生活中的地位和作用也正在逐步增強。

多民族共同發展的民族區域自治制度

民族區域自治是當代中國的一項基本政治制度。實行這一制度，充分體現了中國堅持實行各民族平等、團結、合作和共同發展、共同繁榮的原則。

中國是一個統一的多民族國家，漢族人口最多，其他五十五個民族人口相對較少，習慣上稱之為「少數民族」。據二〇一〇年第六次全國人口普查統計，中國少數民族人口為一一三七九萬人，占全國總人口的8.49％。中國各族人民都為締造統一的多民族國家、創造悠久燦爛的中華文明、推動中國歷史的發展進步，作出了重要貢獻。民族區域自治是指在國家的統一領導下，各少數民族聚居地方實行區域自治，設立自治機關，行使自治權。民族區域自治的核心，是保障少數民族當家做主，管理本民族、本地方事務的權利。鄧小平指出：「解決民族問題，中國採取的不是民族共和國聯邦的制度，而是民族區域自治制度。我們認為這個制度比較好，適合中國的情況。」

實行民族區域自治的依據

實行民族區域自治，是中國共產黨根據中國歷史發展、文化特點、民族關係和民族分布等具體情況作出的制度性安排，符合中國國情，也符合各民族人民的共同利益和發展要求。

首先，統一的多民族國家的長期存在和發展，是實行民族區域自治的歷史依據。中國在歷史上，自秦朝建立起大一統的封建王朝以後，一直以

集中統一的多民族國家為主要形式，各民族之間雖然有戰有和，有統有分，但在漫長的歷史發展過程中，認同自己是中國大家庭中的一員，始終是各民族關係的主流。歷史上統一多民族國家的長期存在，也極大地促進了各民族之間的政治、經濟和文化交流，不斷增進各民族對中央政權的向心力和認同感。

第二，近代以來在反抗外來侵略鬥爭中形成的愛國主義精神，是實行民族區域自治的政治基礎。一八四〇年鴉片戰爭之後的一百一十年間，中國屢遭帝國主義侵略、欺凌，中國各族人民陷入被壓迫、被奴役境地。在國家四分五裂、民族生死存亡的危急關頭，中國各族人民共禦外侮，為維護國家主權統一、爭取民族獨立和解放進行了堅苦卓絕的鬥爭。在反抗外來侵略的鬥爭中，人們深切體會到：中國各族人民只有緊密地團結和聯合起來，才能維護國家主權統一、領土完整和實現國家繁榮富強；只有實現國家的主權統一和領土完整，各民族才能實現真正的自由平等和發展進步。

第三，各民族大雜居、小聚居的人口分布格局，各地區資源條件和發展的差異，是實行民族區域自治的現實條件。在長期的歷史發展過程中，中國各民族頻繁遷徙，逐漸形成了大雜居、小聚居的分布格局。漢族作為人口最多的民族遍佈全國。少數民族人口雖少，且主要居住在廣大邊疆地區，但在內地縣級以上行政區域都有居住。這種你中有我、我中有你、相互依存的人口分布狀況決定了以少數民族聚居的地方為基礎，建立不同類型和不同行政級別的民族自治地方，有利於民族關係的和諧穩定和各民族的共同發展。

占中國人口不到百分之十的少數民族聚居的地方，占全國國土總面積

▲ 中國是統一的多民族國家，由五十六個民族組成。

的百分之六十以上，自然資源豐富，但經濟社會發展水平相對落後。實行民族區域自治，可以在充分發揮少數民族地區優勢的同時，促進少數民族地區與其他地區之間的交流與合作，從而加快少數民族地區和整個國家的現代化建設步伐，實現各地區的共同發展和各民族的共同繁榮。

民族區域自治制度的建立和發展

中國共產黨自一九二一年成立後，就積極探索解決中國民族問題的正確道路，團結並帶領全國各族人民取得了新民主主義革命的勝利。一九四九年九月，在新中國成立前夕召開的中國人民政治協商會議上，通過《中國人民政治協商會議共同綱領》，把民族區域自治確定為一項基本國策。一九五二年，中央人民政府頒佈了《中華人民共和國民族區域自治實施綱

▲ 新疆維吾爾自治區首府烏魯木齊

要》，對民族自治地方的建立、自治機關的組成、自治機關的自治權利等作出明確規定。一九五四年召開的第一屆全國人民代表大會通過的《中華人民共和國憲法》，明確載入了民族區域自治制度。在總結實施民族區域自治經驗的基礎上，一九八四年五月，第六屆全國人民代表大會第二次會議通過了《民族區域自治法》，自同年十月一日起正式實施。一九九七年，中共十五大報告中，第一次明確把民族區域自治制度與人民代表大會制度、中國共產黨領導的多黨合作和政治協商制度並列，作為中國必須長期堅持的重要政治制度，從而極大地突出了民族區域自治制度在中國特色社會主義民主政治制度體系內的地位。

二〇〇一年修改頒佈的《中華人民共和國民族區域自治法》則明確規定：「民族區域自治制度是國家的一項基本政治制度。」《民族區域自治法》是實施《憲法》規定的民族區域自治制度的基本法律，其內容涵蓋政治、經濟、文化、社會等各個方面。它規範了中央和民族自治地方的關係，以及民族自治地方各民族之間關係，其法律效力不只限於民族自治地方，全國各族人民和一切國家機關都必須遵守、執行該項法律。

在中華人民共和國成立之前的一九四七年，中國共產黨就領導建立了中國第一個省級少數民族自治地方——內蒙古自治區。中華人民共和國成立後，中國政府開始在少數民族聚居的地方全面推行民族區域自治。一九五五年十月，新疆維吾爾自治區成立；一九五八年三月，廣西壯族自治區成立；一九五八年十月，寧夏回族自治區成立；一九六五年九月，西藏自治區成立。目前，中國共建立了一百五十五個民族自治地方，其中包括五個自治區、三十個自治州、一百二十個自治縣（旗）。在五十五個少數民族中，有四十五個建立了自治地方，實行區域自治的少數民族人口占少數

民族總人口的百分之七十,民族自治地方的面積占全國國土總面積的百分之六十四左右。鑒於一些少數民族聚居地域較小、人口較少並且分散,不宜建立自治地方,《憲法》規定通過設立民族鄉的辦法,使這些少數民族也能行使當家作主、管理本民族內部事務的權利。一九九三年,中國政府頒佈《民族鄉行政工作條例》,以保障民族鄉制度的實施。目前,中國在相當於鄉的少數民族聚居的地方共建立了一二四八個民族鄉(鎮),分布在二十八個省、自治區、直轄市,全國建立民族鄉的少數民族有四十七個。

民族自治地方及民族自治機關

中國的民族自治地方分為自治區、自治州、自治縣三級;劃分的依

▲ 矗立在西藏拉薩市中心的布達拉宮,是藏族歷史、文化的象徵。

據，是少數民族聚居區人口的多少、區域面積的大小。各民族自治地方都是中華人民共和國領土不可分割的部分。民族自治地方的自治機關必須維護國家的統一，保證憲法和法律在本地方的遵守和執行。上級國家機關和民族自治地方的自治機關都要維護和發展平等、團結、互助的民族關係。

民族自治地方的建立、區域界線的劃分、名稱的組成，由上級國家機關會同有關地方的國家機關和有關民族的代表充分協商擬定，按照法律規定的程序報請批准。自治區的建置由全國人民代表大會批准。自治區的區域劃分以及自治州、自治縣的建置和區域劃分由國務院批准。民族自治地方一經建立，未經法定程序，不得撤銷或者合併；民族自治地方的區域界線一經確定，未經法定程序，不得變動。確實需要撤銷、合併或者變動的，由上級國家機關的有關部門和民族自治地方的自治機關充分協商擬定，按照法定程序報請批准。

民族自治地方的自治機關是自治區、自治州、自治縣的人民代表大會和人民政府。民族自治地方的人民代表大會中，除實行區域自治的民族的代表外，其他居住在本行政區域內的民族也應當有適當名額的代表。民族自治地方的人民代表大會常務委員會中應當有實行區域自治的民族的公民擔任主任或者副主任。自治區主席、自治州州長、自治縣縣長由實行區域自治的民族的公民擔任。民族自治地方人民政府的其他組成人員，應當合理配備實行區域自治的民族和其他少數民族的人員。自治機關所屬工作部門的幹部中，應當合理配備實行區域自治的民族和其他少數民族的人員。

民族自治地方的自治權

民族自治地方的自治機關首先依據《憲法》第三章第五節的規定行使

地方國家機關的職權，同時依照《憲法》《民族區域自治法》和其他法律的規定行使自治權。上級國家機關保障民族自治地方的自治機關行使自治權。民族自治地方的自治權包括：

一、自主管理本民族、本地區的內部事務的權利

民族自治地方各族人民行使憲法和法律賦予的選舉權和被選舉權，通過選出人民代表大會代表，組成自治機關，行使管理本民族、本地區內部事務的民主權利。中國一百五十五個民族自治地方的人民代表大會常務委員會中都有實行區域自治的民族的公民擔任主任或者副主任，自治區主席、自治州州長、自治縣縣長全部由實行區域自治的少數民族公民擔任。

在歷屆全國人民代表大會的代表中，不僅都有代表各個少數民族行使管理國家事務權利的少數民族代表，而且全國人民代表大會少數民族代表的比例都高於少數民族人口的比例。例如，近兩屆全國人民代表大會規定少數民族代表名額三百六十名左右，占代表總數的百分之十二左右，高於人口比例約三點五個百分點。第十二屆全國人民代表大會代表中，少數民族代表四百零九名，占代表總數的百分之十三點六九；人口特少的民族也至少有一名代表。人口在百萬以上的民族都有全國人民代表大會常務委員會委員。

二、自主制訂自治條例和單行條例的立法權和變通執行權

《民族區域自治法》規定：「民族自治地方的人民代表大會除享有一般地方國家權力機關的權力外，還有權依照當地民族的政治、經濟和文化的特點，制訂自治條例和單行條例。」《中華人民共和國立法法》規定：「自治條例和單行條例可以依照當地民族的特點，對法律和行政法規的規定作出變通規定」，「自治條例和單行條例依法對法律、行政法規、地方

▲ 出席全國人民代表大會會議的少數民族代表

性法規作變通規定的，在本自治地方適用自治條例和單行條例的規定。」
《民族區域自治法》還規定：「上級國家機關的決議、決定、命令和指示，
如有不適合民族自治地方實際情況的，自治機關可以報經該上級國家機關
批准，變通執行或停止執行。」截至二〇一一年八月底，民族自治地方共
制定現行有效的自治條例和單行條例七百八十多部。

三、自主使用和發展本民族語言文字權

民族自治地方的自治機關在執行公務的時候，依照本民族自治地方自
治條例的規定，使用當地通用的一種或者幾種語言文字。在同時使用幾種
通用的語言文字時，可以以實行區域自治的民族語言文字為主。內蒙古、
新疆、西藏等民族自治地方，都制訂和實施了使用和發展本民族語言文字

▲ 錫伯族學生正學習本民族語言錫伯語。

的有關規定或實施細則。

目前，中國有二十二個少數民族使用二十八種本民族文字。在中國，無論在司法、行政、教育等領域，還是在國家政治生活和社會生活中，少數民族語言文字都得到廣泛使用。在中國共產黨全國代表大會、全國人民代表大會和中國人民政治協商會議等重要會議上，都提供蒙古、藏、維吾爾、哈薩克、朝鮮、彝、壯等民族語言文字的文件和同聲傳譯。

四、宗教信仰自由權

中國少數民族群眾大多有宗教信仰，有的民族多數群眾信仰某種宗教，如藏族群眾信仰藏傳佛教，回、維吾爾等民族信仰伊斯蘭教。民族自治地方的自治機關根據憲法和法律的規定，尊重和保護少數民族的宗教信

▲ 寧夏銀川南關清真寺，穆斯林禮拜。

仰自由，保障少數民族公民一切合法的正常宗教活動。目前西藏自治區共有一千七百多處藏傳佛教活動場所，住寺僧尼約四點六萬人；僧俗信教群眾每年都組織和參加薩噶達瓦節等各種各樣的宗教和傳統活動，每年到拉薩朝佛敬香的信教群眾達百萬人次以上。新疆維吾爾自治區現有宗教活動場所 2.44 萬餘所，其中伊斯蘭教清真寺 2.42 萬餘座；宗教教職人員 2.9 萬餘人；信教群眾達一千一百六十萬人，占全疆人口的一半以上，其中信仰伊斯蘭教的有一千多萬人。寧夏回族自治區共有清真寺三千五百多座，教職人員五千一百多人。各種宗教活動正常進行，少數民族群眾的宗教信仰自由得到充分尊重和保障。

五、自主保持或者改革本民族風俗習慣的權力

民族自治地方的自治機關保障各少數民族都有按照傳統風俗習慣生活、進行社會活動的權利和自由。包括尊重少數民族生活習慣，尊重和照顧少數民族的節慶習俗，保障少數民族特殊食品的經營，扶持和保證少數民族特需用品的生產和供應，尊重少數民族的婚姻、喪葬習俗等。同時，提倡少數民族在衣食住行、婚喪嫁娶各方面奉行科學、文明、健康的新習俗。

六、自主安排、管理、發展本民族經濟建設事業的權利

民族自治地方的自治機關根據法律規定和本地方經濟發展的特點，合理調整生產關係和經濟結構；在國家宏觀指導下，根據本地方的財力、物力和其他具體條件，自主地安排地方基本建設項目；自主地管理隸屬於本地方的企業、事業。民族自治地方依照國家規定，可以開展對外經濟貿易活動，經國務院批准，可以開闢對外貿易口岸；民族自治地方在對外經濟貿易活動中，享受國家的優惠政策。根據國家的國民經濟和社會發展的總

▲ 內蒙古自治區滿洲裡口岸是中國最大的陸路口岸，大批進出口貨物在此集散。

體規劃，各民族自治地方結合實際，都制訂了經濟社會發展的規劃、目標和措施。

　　民族自治地方的自治機關依法管理和保護本地方的自然資源；根據法律規定和國家的統一規劃，對可以由本地方開發的自然資源，優先合理開發利用。

　　民族自治地方的自治機關有管理地方財政的自治權。凡是依照國家財政體制屬於民族自治地方的財政收入，都由民族自治地方的自治機關自主地安排使用。民族自治地方的財政預算支出，按照國家規定，設機動資

金，預備費在預算中所占比例高於一般地區。民族自治地方的自治機關在執行財政預算的過程中，自行安排使用收入的超收和支出的節餘資金。同時，民族自治地方的自治機關在執行國家稅法的時候，除應由國家統一審批的減免稅收項目以外，對屬於地方財政收入某些需要從稅收上加以照顧和鼓勵的，可以實行減稅或者免稅。

七、自主發展本民族的教育、科技、文化等社會事業的權利

民族自治地方的自治機關根據國家的教育方針，依照法律的規定，決定本地方的教育規劃，各級各類學校的設置、學制、辦學形式、教學內容、教學用語和招生辦法。在少數民族牧區和經濟困難、居住分散的少數民族山區，設立以寄宿為主和助學金為主的公辦民族小學和民族中學，保

▲ 新疆一所民族學校裡，孩子們正在上課。

▲ 雲南西雙版納傣族自治州的傣醫醫院

障就讀學生完成義務教育階段的學業。招收少數民族學生為主的學校（班級）和其他教育機構，有條件的應當採用少數民族文字的課本，並用少數民族語言講課；根據不同情況從小學低年級或者高年級起開設漢語文課程，推廣全國通用的普通話和規範漢字。

民族自治地方的自治機關自主地發展具有民族形式和民族特點的文學、藝術、新聞、出版、廣播、電影、電視等民族文化事業。組織、支持有關單位和部門收集、整理、翻譯和出版民族歷史文化書籍，保護民族地區的名勝古蹟、珍貴文物和其他重要歷史文化遺產，繼承和發展優秀的民族傳統文化。

民族自治地方的自治機關自主地決定本地方的科學技術發展規劃，普及科學技術知識。自主地決定本地方的醫療衛生事業的發展規劃，發展現代醫藥和民族傳統醫藥。自主地發展體育事業，開展民族傳統體育活動。

與此同時，國家對民族自治地方給予大力支持和幫助。《憲法》規定：「國家盡一切努力，促進全國各民族的共同繁榮。」《民族區域自治法》進一步把上級國家機關支持、幫助民族自治地方加快發展明確規定為一項法律義務。為貫徹落實《憲法》和《民族區域自治法》的規定，中國政府採取了一系列政策舉措，積極支持幫助扶植少數民族地區發展經濟、文化、科技、教育等各項事業。

　　實踐證明，當代中國的民族區域自治制度充分體現了歷史與現實的統一，民族與區域的統一，政治與經濟的統一，制度與法律的統一。一方面，尊重了中國民族格局的歷史淵源和文化傳統，通過單一制的國家結構形式體現、鞏固和發展了國家的統一性；另一方面，又尊重了中國民族結構的多元性，促進了中華民族多元一體格局進一步融合發展，有力地維護了國家統一，極大地鞏固了民族團結，積極地促進了各民族共同繁榮發展。

基層群眾自治和民主管理制度

　　基層民主是當代中國廣大工人、農民、知識分子和社會各階層人士在城鄉基層政權機關、企事業單位和基層自治組織中依法直接行使的民主權利，包括政治、經濟、文化、教育等各領域的民主權利，滲透到社會生活各個方面，具有全體公民廣泛和直接參與的特點。它不僅是一種基層自治和民主管理制度，而且作為民主政治制度的具體化，是中國特色社會主義民主廣泛而深刻的實踐。

　　發展基層民主是由中國國家性質所決定的。在中國，人民依法直接行使民主權利，管理基層公共事務和公益事業，實行自我管理、自我服務、自我教育、自我監督，同時對各級幹部特別是基層幹部實行民主監督，是人民當家作主最有效、最廣泛的途徑，是發展社會主義民主政治的基礎。另一方面，發展基層民主，有利於提高全民的民主素養，提高民眾的法律意識，為社會主義民主進一步發展完善創造條件。

　　當代中國基層自治和民主管理制度是中國特色社會主義民主政治在基層最廣大民眾中的實踐，體現出直接民主的特徵。最突出的表現形式是基層自治和直接選舉。目前，農村、城市社區與企事業單位已經成為社會主義民主政治在基層實踐的三大組織載體，以農村村民自治、城市居民自治和企事業單位職工代表大會制度「三馬並行」的基層自治和民主管理制度已經形成，成為中國特色社會主義民主政治制度的基礎工程。其具體實踐和發展狀況，詳見本書後面「公民廣泛政治參與」一章。

第二章

領導體制
與政治運行機制

在人類文明發展歷程中，從來就沒有絕對「最好」「最佳」或「最優」的制度或模式，也沒有一成不變的制度或模式；在現實世界中，只有「最適合」「最適應」的制度和模式，並且它們也在不斷調整、不斷適應、不斷變化。仔細研究世界各國政治制度，不難發現這樣一個事實，一個國家採取什麼樣的政治權力運行機制，不僅取決於本國的國體性質，而且還要充分體現本國國情和歷史。當代中國政治權力運行機制是在中國革命、建設與改革過程中逐步形成的，它既帶有濃厚的中央集權色彩，又包含著彼此制約和監督的成分。

集體領導與分工負責制

在政治學上，集體領導是相對於獨裁體制的一種領導方式。當代中國實行由多人組成的中央政治局常委會及其集體領導機制。這種機制概括起來主要包括兩層含義：一方面，凡屬重大的問題，如涉及路線、方針、政策的大事，重大任務的部署，重要幹部的任免，群眾關注的重要問題等，必須由領導集體討論決定；另一方面，每個領導成員必須根據集體決定和分工，履行各自的職責。

集體領導與分工負責制，最早可以追溯到中國共產黨從事革命活動時期，其正式確立，是在新中國成立之後。在一九五六年中共第八次代表大會上，毛澤東建議中央政治局常委會由主席、副主席和總書記組成。考慮到政權的穩定性，毛澤東還提出了在集體領導中實行梯隊設置，安排少壯派的鄧小平、陳雲進政治局常委會，當時他們兩人分別是五十二歲和五十一歲，此後又補選了更年輕的林彪為常委。中國共產黨正式組成由毛澤東、劉少奇、周恩來、朱德、陳雲、鄧小平和林彪等七人組成的中央政治局常委會。這七常委分別代表黨政軍五大機構：中共中央、全國人大、國務院、全國政協和中央軍委，各自分工與負責，毛澤東作為黨中央主席負責領導全面工作。

從主觀願望上來說，中國共產黨是想通過這種集體領導體制，來防止個人大權獨攬，以促進社會主義民主政治和國家的穩定發展。遺憾的是，由於毛澤東個人威望太高，再加上中國民主政治制度不夠成熟以及中國共產黨執政經驗不足，導致一段時期中央集體領導和分工負責制遭到嚴重破

▲ 二〇一二年十一月十五日，在中共十八屆一中全會上當選的中共中央總書記習近平和中共中央政治局常委李克強、張德江、俞正聲、劉雲山、王岐山、張高麗在北京人民大會堂與中外記者見面。

壞，由此也給中國社會經濟發展帶來不利影響。

一九七八年改革開放後，中國共產黨恢復並完善了中央集體領導和分工負責制。一九八〇年二月，中共十一屆五中全會正式恢復了中共八大制訂的集體領導制度，再次形成中共中央書記處、中共中央政治局以及中共中央政治局常委會三個層次的領導體制。其中，第一層次是中國共產黨中央政治局常務委員會，由中國共產黨中央委員會全體會議選舉產生，任期與中國共產黨中央委員會一致。按照《中國共產黨黨章》規定，中央政治局常務委員會在中央委員會全體會議閉會期間行使中央委員會的職權，在中央政治局會議閉幕期間行使其職權。其成員（委員）簡稱中共中央政治局常委，是中國共產黨中央領導集體的重要成員，也是中華人民共和國和中國共產黨的重要領導人，分別主管和負責不同方面的工作。在中共歷史上，中央政治局常委組成人數一般由五人、七人或九人等單數組成，以便於重大事情表決時實行少數服從多數原則。第二層次是中國共產黨中央政治局，由中共中央委員會全體會議選舉產生，在中央委員會全體會議閉會期間行使中央委員會的職權。中共中央政治局的成員稱中央政治局委員或政治局委員，是黨和國家的高級領導人，在實際政治生活中行使著黨和國家最重大事務的決策權。第三層次是中央書記處，是中央政治局和它的常務委員會的辦事機構。中央書記處成員由中央政治局常務委員會提名，中央委員會全體會議通過。中央書記處的工作由中央委員會總書記主持。中央書記處設書記若干人，實行集體領導和個人分工負責的制度。

中國共產黨通過恢復和設立中共中央書記處、中共中央政治局以及中共中央政治局常委會，重新建立起集體領導和分工負責體制。一方面，《中國共產黨黨章》規定，中共中央只設總書記，不再設主席，同時特別

規定總書記只是政治局常委會成員之一，負責召集政治局常委會與政治局會議，主持中央書記處工作。另一方面，中央政治局常委分別代表黨中央、全國人民代表大會、國務院、全國人民政治協商會議、中央軍委、中央紀委，既集體決策又各負其責。由此可見，具有中國特色的「集體領導和分工負責制」已經更加制度化、規範化和程序化。

▲ 習近平，現任中國共產黨中央委員會總書記。

中國特色集體領導和分工負責制，突出強調「集體」的重要性。那麼，這種集體領導和分工負責在實際工作中又是如何運行的呢？在當代中國，從中央層面來看，集體領導與分工負責制主要通過集體分工協作機制、集體交接班機制、集體學習機制、集體調研機制和集體決策機制等五種機制來具體運行，高效率地解決各種錯綜複雜的國際國內及黨內重大問題。

第一個機制，集體分工協作機制。它是指中央政治局常委會成員從中國共產黨總攬全局、協調各方的領導核心作用出發，既分別代表不同機構、分管不同工作，同時又協調合力進行重大決策的運行機制。

第二個機制，集體交接班機制。它是指把黨和國家的領導權力從上屆領導集體手中平穩交接到下屆領導集體手中的制度安排。這種制度性安排拋棄了以往個人指定接班人、把最高權力從個人移交給個人的封建式做法，以權力風險的分散化和權力交接的制度化為核心，要求黨的幹部一般應走完擔任省區市委書記以獲得鍛鍊提高、為在任領導集體成員擔任助手以進一步培養考察兩個臺階，才有可能進入新一屆中央領導集體。

第三個機制，集體學習機制。它是指中央政治局常委會定期邀請國家智庫成員（主要來自專業科研機構、高等院校、國家機關下設的研究機構及專業委員會），圍繞國民經濟與社會發展重要領域、重大問題，向中央政治局常委會全體成員作專題授課的工作機制。

第四個機制，集體調研機制。它是指中央政治局常委會全體成員為了解實際情況而親身深入全國各地基層，進行實地查看或邀請了解實際情況的人進行座談的工作機制。

第五個機制，集體決策機制。它是指黨中央領導集體在重大問題上堅

持集體討論、集體決策，按照「集體領導、民主集中、個別醞釀、會議決定」的決策原則，完善重大決策規則程序，堅持嚴格按照決策規則和程序進行決策的工作機制。

應該說，中國特色的「集體領導與分工負責制」，既能防止權力過於集中在一人之手，又不至於在執行環節彼此相互扯皮。實踐也表明，這種機制比較適合於中國的特殊國情和文化背景，適合於中國所處的發展階段和社會條件，也比較有利於化解來自國內外的各種考驗和挑戰。中國改革開放三十多年創造的發展奇蹟，用事實充分地證明了這一點。

客觀地說，中國特色政治運行機制與西方三權分立、聯邦制相比，確實具有更大的靈活性和較高的運行效率。這是當代中國政治權力運行機制最大的特點之一，也是最大的優勢之一。現如今，這一制度已載入《中國共產黨黨章》中，不僅在黨的各級委員會中得以運用，而且在各級人民代表大會、政府系統、政治協商機關、群眾團體中也加以推行，從而確保中國共產黨及其領導下的國家各項事業平穩、高效發展。

▌行政層級與職權劃分

當今世界，大多數國家都設立有若干個地方行政層級，以保證國家行政管理的穩定性、有序性和效能性。不過，一個國家採取什麼樣的行政層級設置，主要取決於其歷史文化傳統、國土面積大小、人口數量和密度，以及國家結構形式、經濟社會體制等。中國是一個有著悠久歷史文化傳統、國土面積廣闊、人口數量龐大而又分布不均的發展中大國。一九四九年新中國成立後，中國共產黨和中央人民政府根據本國國情設置了適合自己的行政管理體制，並隨著時代的發展而作了相應的調整和完善。

新中國成立之初，中國曾在中央與省之間增設了大行政區建制，推行大區─省─縣─鄉四級管理制。當時，中國設立有東北、華北、西北、華東、中南、西南六個大行政區，它們為最高一級地方政府，每個大行政區分轄若干個省、自治區或直轄市。一九五四年六月，中央通過《關於撤銷大區一級行政機構和若干省市建制的決定》，並於當年撤銷了六個大行政區行政委員會，同時，擴大了省級建制的統轄地域，將除北京、上海、天津外的其他十一個直轄市改為省轄市。此後，中國地方行政建制經歷了多次調整，但行政層級中的省─縣─鄉基本格局沒有太大變化。

一九七九年以後，在省與縣之間設置的準行政層次改稱為地區行政公署。一九八二年，中共中央提出，在經濟發達地區將省轄中等城市周圍的地委、行署與市委、市政府合併，由市管縣管企業。一九八三年二月，中共中央、國務院發出了《關於地市州黨政機關機構改革的若干問題的通知》，指出以經濟發達的城市為中心，以廣大農村為基礎逐步實行市領導

縣體制。此後，各省紛紛開始試點「市管縣」體制，一些尚不具備條件的地方也在爭取「撤地設市」。針對這種情況，國務院於一九八六年和一九九三年先後兩次調整和提高了設立地級市的標準。截至二〇一四年六月，中國大陸共有地級行政區三三三個，其中二八六個為地級市。除內蒙古（3 個盟）、黑龍江（1 個）、西藏（6 個）、新疆（7 個）仍設有十七個地區（盟）外，其他省和自治區都撤銷了地區行署，取而代之以地級市政府。

　　一九九七年七月一日，中國政府對香港恢復行使主權，設立香港特別行政區。一九九九年十二月二十日，中國政府對澳門恢復行使主權，設立澳門特別行政區。在中國，特別行政區是國家中的一個行政單位，而不是一個獨立的政治實體，也不是聯邦制國家中的成員國。它和其他行政區一樣，與中央人民政府之間存在從屬關係，中央人民政府領導特別行政區，

▲ 一九九七年七月一日，中國政府對香港恢復行使主權，設立香港特別行政區。圖為中英兩國政府舉行香港政權交接儀式。

▲ 一九九九年十二月二十日，中國政府對澳門恢復行使主權，設立澳門特別行政區。圖為中葡兩國政府舉行澳門政權交接儀式。

特別行政區服從和接受中央人民政府的管理。特別行政區政府是地方政府。作為一個地方行政單位，不能行使國家主權，特別行政區的一切權力是中央人民政府授予的。與其他地方行政單位不同的是，香港、澳門特別行政區可以保留原來的制度，享有很高的自治權。特別行政區的建立和一國兩制的實施，構成了中國單一制的一大特色。現在，中國共有三十四個省級行政區，包括二十三個省、四個直轄市、五個自治區、二個特別行政區。

當前，中國的地方行政層級設置存在著兩級制、三級制和四級制三種形式。其中，兩級制只存在於直轄市的城區，實行直轄市—市轄區兩級制，市轄區是基層地方政府。三級制主要有四種情況，直轄市—縣（郊

區）—鄉（鎮），省（自治區）—設區的市—市轄區，省（自治區）—縣（自治縣，縣級市）—鄉（鎮），省（自治區）—自治州—縣級市。四級制主要有兩種情況：省（自治區）—設區的市—縣（自治縣、郊區、縣級市）—鄉（民族鄉、鎮），省（自治區）—自治州—縣（自治縣、縣級市）—鄉（民族鄉、鎮）。在上述三大類行政層級中，四級制屬於具有主導性地位的普遍形式。此外，在現行地方行政管理體制下，市轄區、縣級市之下設有街道辦事處作為派出機關，少數省（自治區）在縣之上設有地區（盟）作為派出機關，這些派出機關具有準行政層級地位，它們在事實上承擔著一級政府的管理職能。

中國是一個典型的中央集權與地方分權相結合的國家，中央政府處於最高層級，省級政府處於其次，市縣依次排列，下一級政府歸屬於上一級別政府管理。依據這種制度安排，中國憲法和法律對不同層級政府性質、地位和職權作了專門規定。

按照憲法規定，中華人民共和國國務院，即中央人民政府，是最高國家權力機關的執行機關，是最高國家行政機關。國務院的任期與全國人大任期相同，即每屆為五年。憲法還同時規定，總理、副總理、國務委員連續任職不得超過兩屆。其職權大致有七個方面：（1）行政法規的制訂和發佈權。國務院有權根據憲法和法律制訂有關行政機關的活動準則、行政權限以及行政工作制度和各種行政管理制度等方面的規範性文件。（2）行政措施的規定權。國務院在行政管理中認為需要的時候，或者為了執行法律和執行最高國家權力機關的決議，有權採取各種具體辦法和實施手段。（3）提出議案權。國務院提出有關的法律草案以及國民經濟和社會發展計劃，報告計劃的執行情況，報告國家的預算和預算的執行情況，等

▲ 北京中南海新華門，中南海是中華人民共和國國務院辦公所在地。

等，經最高國家權力機關審議批准，使之變成指導社會生活和經濟建設的法律性文件。（4）對所屬部、委和地方各級行政機關的領導權及監督權。國務院有權對地方各級國家行政機關發佈指示，規定任務，進行行政領導和監督；有權改變地方各級行政機關所發佈的不適當的決定、命令和規章；有權確定其所屬各部、各委員會等中央國家行政機關的工作內容、工作制度、工作任務和所擔負的職能與責任；有權改變或者撤銷各部、各委員會發佈的不適當的決定和命令。國務院所屬各部委和地方各級行政機關必須接受國務院的統一領導和監督。（5）對國防、民政、文教、經濟等各項工作的領導權和管理權；對外事務的管理權。（6）行政人員的任免、獎懲權。國務院有權依照憲法、國務院組織法、地方各級人民代表大會和地方各級人民政府組織法以及國家機關工作人員獎懲條例等有關法律，任免國家行政機關的領導人員等。（7）最高國家權力機關授予的其他職權。

根據中國憲法規定，地方各級人民政府是地方各級國家權力機關的執行機關，是地方各級國家行政機關。地方各級人民政府從屬於本級國家權力機關，由國家權力機關產生，向它負責，受它監督。此外，地方各級人民政府還要服從上級人民政府的領導，向上一級人民政府負責和報告工作，執行上級行政機關的決定和命令。地方各級人民政府都要接受國務院（中央政府）的領導。地方各級人民政府每屆任期與本級人民代表大會的任期相同，均為五年。

按照中國憲法和法律的規定，地方各級人民政府（省、市、縣、鄉）主要享有四項職權：（1）執行決議、發佈決定和命令。地方各級人民政府要執行本級人大及其常委會的決議，執行上級人民政府的決定和命令。縣級以上地方各級人民政府可以規定行政措施，發佈決定和命令，省、自

治區、直轄市以及省、自治區的人民政府所在地的市和經國務院批准的較大的市的人民政府還可以根據法律和行政法規制訂規章。（2）領導和監督權。領導和監督縣級以上地方各級人民政府所屬各工作部門和下級人民政府的工作，有權撤銷所屬工作部門和下級人民政府不適當的命令、指示、決定，任免、考核行政工作人員。（3）管理各項行政工作。地方各級人民政府管理本行政區域內的經濟、教育、文化、科學、體育、衛生、民政、公安等行政工作，完成上級人民政府交辦的事項；縣級以上地方各級人民政府還負責城鄉建設、民族事務和監察工作，執行國民經濟和社會發展計劃以及預算方案。（4）依法保障各方面的權利。地方各級人民政府應保護全民所有制財產、勞動群眾集體所有制財產及公民個人的合法財產；要維護社會秩序，保護公民的人身權利和民主權利；保護婦女、兒童和老人的正當權益；保護少數民族的權利，幫助少數民族發展經濟、文化和科學技術。要使本行政區域內全體公民的正當權利都得到保障，經濟不斷發展，人民生活不斷提高。

從行政層級和職權劃分來看，中國是一個典型的單一制社會主義國家。實踐證明，這種體制具有一定的優勢：一是能夠統一規劃、全面協調、有序推進中國的發展。在中國這樣一個總體底子薄、地區城鄉發展不平衡的大國，更需全國一盤棋，進行科學設計、統籌規劃、掌握層次、分清主次、持續貫徹。二是能夠調動各種因素、集中力量辦大事。這對發展中國家尤為重要。中國許多重大事項和發展項目，都是憑藉體制優勢實現的。在面對嚴重的自然災難時，這種體制能夠組織全國力量，調動各種因素，及時有效應對，最大限度減少災害，戰勝一切困難。事實證明，中國近三十多年的經濟社會快速穩定發展，就是依賴於這一體制而實現的。

決策與執行運行機制

　　決策機制與執行機制，是現代國家管理中兩個互相關聯的重要制度。它們運行是否順暢，直接關係到國家管理的效率，甚至影響到整個國家的發展狀況。由於政治體制和文化的差異，各國的決策機制與執行機制或多或少存在著一定的差別。中國共產黨和中國政府在長期實踐中，探索建立起一套符合中國國情的決策機制和執行機制，有效地實行對國家各種事務的管理。

　　中國共產黨及其領導下的政府一向高度重視決策。近年來，中國提出了決策的三個基本原則，即科學決策、民主決策、依法決策。科學決策是指決策者為了實現某種特定的目標，運用科學的理論和方法，系統地分析主客觀條件以作出正確決策的過程。民主決策是指決策主體為了實現某種特定的目標，通過預定的程序、規則和方式，確保決策能廣泛吸取各方意見、集中各方智慧、符合本地區實際、反映事物發展規律的制度設計和程序安排。依法決策是指通過憲法、法律和法規來規範和約束決策主體、決策行為、決策程序，實現決策於法有據，決策行為依法進行，決策違法依法追究責任。可以說，這三個原則既是決策主體必須遵循的規則，又是保證決策科學合理並被大多數人接受的重要條件。這些原則已寫入黨和政府的重要文件和有關條例中，已經成為中國共產黨和中國政府治國理政的基本理念，得到大多數中國人的認同。

　　為了使上述原則能夠在實踐中得以推行，中國共產黨和中國政府設計了一套嚴密的決策運行程序和制度，用來規範決策者的決策行為。這套決

策運行制度主要包括：集體決策制度、民主協商制度、專家諮詢制度、社會聽證和公示制度、社情民意反映制度、決策責任追究制度等。

——集體決策制度。正如前文所述，中國從中央到地方實行的是集體領導體制。為了監督決策權力的行使，防止個人獨斷專行，中國專門設計了集體決策制度。在中共黨內，相關法規規定，凡屬重大問題，如黨的路線方針政策、重大人事調整、國計民生問題等，都必須按照「集體領導、民主集中、個別醞釀、會議決定」的原則來辦。也就是說，一切重大事項，不能由某個人單獨決定，而是集體討論決策。在政府內部，根據《憲法》《國務院組織法》《地方各級人民代表大會和地方各級人民政府組織法》的規定，凡是重大事項的決定，必須經過政府常務會議或部門領導班子會議集體討論決定。重大決策由國務院作出的，提交國務院常務會議或者國務院全體會議討論；重大決策由國務院部門作出的，提交部務會議或者委員會會議、委務會議討論；重大決策由地方各級人民政府作出的，提交政府常務會議或者全體會議討論。由於各級政府實行行政首長負責制，最終決策由行政首長在集體審議的基礎上作出。行政首長一般情況下應當尊重多數集體成員的意見，根據多數人的意見作出決定。行政首長如果沒有採納多數人的意見作出最終決策的，應當向領導班子其他成員說明理由。

——民主協商制度。中共中央在作出重大決策之前，一般都邀請民主黨派主要領導人和無黨派代表人士召開民主協商會、小範圍談心會、座談會，通報情況，聽取意見，共商國是。除會議協商外，民主黨派中央可向中共中央提出書面建議。協商的主要內容包括：中國共產黨全國代表大會、中共中央委員會的重要文件；憲法和重要法律的修改建議；國家領導

▲ 二○一四年二月十日，國務院召開座談會，聽取各民主黨派中央、全國工商聯負責人和無黨派人士代表對《政府工作報告（徵求意見稿）》的意見和建議。

人的建議人選；關於推進改革開放的重要決定；國民經濟和社會發展的中長期規劃；關係國家全局的一些重大問題；通報重要文件和重要情況並聽取意見，以及其他需要同民主黨派協商的重要問題等。除此之外，中國共產黨還通過各種形式，聽取全國人大代表、工青婦等群眾團體以及社會各界人士的建言獻策，鼓勵他們參與重大決策。

——專家諮詢制度。專家諮詢制度在中國有著悠久的歷史，古代的門客幕僚制度便是它的最初雛形。近年來，中國依託現代決策科學，建立了起具有中國特色的專家諮詢制度。在當代中國，社會諮詢機構還不夠發達，黨和政府在重大決策前，更多地依託高等院校、科研院所的研究力量，廣泛聽取相關領域專家意見，發揮其參謀諮詢作用。近些年來，中共

中央政治局堅持集體學習制度，就有關黨和國家發展的重大問題，邀請知名專家開設講座，聽取專家的意見，廣泛掌握決策信息，提高決策水平。同時，國務院多次修訂工作規則，把實行科學民主決策作為政府工作的一項基本準則。國務院每季度都要召開經濟形勢分析會，對事關經濟社會發展全局的重大戰略問題，如國民經濟發展規劃、國家中長期科技規劃、能源資源安全、公共衛生、突發事件應急管理等，都組織專家學者和有關研

▲ 國務院總理李克強邀請中國科學院、中國工程院院士及有關專家到北京中南海，聽取城鎮化研究報告並與他們進行座談。

▲ 北京市發改委舉行居民用水價格調整聽證會。

究諮詢機構論證評估。隨著現代管理諮詢意識的增強，中國一些地方政府也開始充分利用專設的研究機構，甚至向社會或海外公開招聘專家來充實決策諮詢隊伍。以上海為例，該市專門成立了上海市決策諮詢委員會，而且大多數市政部門聘請高層次海外專家為顧問，借「外腦」來充實「智庫」，為上海發展獻計獻策。

——社會聽證和公示制度。公眾參與是民主決策的體現，也是公正決策的基本要求，體現了決策的公正性，能夠增強決策的認同度，減少決策執行環節的阻力和障礙。公眾參與決策的制度形式為決策聽證和公示制度。一九九九年，全國人民代表大會在頒發《價格法》時，首次提出建立價格決策聽證制度。二〇〇二年，中國舉行了首次國家級價格聽證會，即

旅客列車實行政府指導價方案聽證會。聽證會上，消費者代表、專家學者代表、人民代表大會代表對方案的合理性、可行性和公平性提出質詢，發表自己的意見。聽證會結束後，聽證機關根據代表意見對調價方案進行了修改和完善，充分照顧了低收入階層的利益，硬座的漲幅比最初的方案下調了百分之五十。此後不久，中國政府作出規定，公眾參與是任何重大決策作出前必經程序。也就是說，決策機關在作出重大決策前，必須廣泛聽取、充分吸收各方面意見，意見採納情況及其理由要以適當形式反饋或者公佈。自此以後，決策聽證制已經擴展至城鄉規劃、環境影響評價、行政許可立法等多個領域。在中國，一次聽證會的舉行，通常由舉行的機關部門事先通知，並常邀請媒體等參與以確保聽證會的公正。聽證會參與的人員主要包括主持人、申請人、證人等。其中申請人和主持人一般不重複，申請人是舉辦聽證會的主要部門；證人常由公民代表組成，有時也有媒體參與。

公眾參與決策的另一種制度形式是公示制度。為了確保公眾的參與權、知情權，中國共產黨和中國政府提出按照「公平、公正、公開」原則，直接涉及群眾切身利益的重大決策，實行社會公示制度。公示的形式可以多種多樣，如新聞媒體、相關會議、文件通報、單位政務公開欄和有關行政村、基層站所公告欄等。

——社情民意反映制度。深入了解民情，充分反映民意，是決策成功的關鍵。中國改革開放進程中一系列決策之所以成功，原因之一就是決策者掌握了真實客觀的社情民意和人民群眾關心關注的問題。為了改革和完善決策機制，近年來，中國共產黨和中國政府建立起社情民意反映制度。在實踐中，這種下情上達的制度渠道和形式很多，譬如調查研究、視察、

▲ 人大代表向選區選民了解社情民意。

專家諮詢、決策草案的公示、信訪、聽證、論證、政府部門設監督員，等等。值得一提的是，在當代中國，制度性的創新還在發展，公眾在網上評議政府工作就是最近的例子。這些渠道把人民群眾的呼聲、意見、要求和期望帶到決策機關，在很大程度上促使決策更加科學、準確，同時，也促使公權力的運作更加透明與規範。在當代中國，各級人民代表大會代表在反映民意、集中民智方面，也發揮了很重要的作用。每年一度的各級人民代表大會召開之前，人民代表都會深入各自所代表的選區，會見選民，了解和聽取他們的意見和建議。在收集選民意見基礎上，人民代表會將這些意見加以整理彙總，並提交議案供決策者決策參考。同時，人民代表還有

義務催促、監督政府有關部門解決選民提出的實際問題。

——決策評估與責任追究制。長期以來，中國政府比較重視決策前的調研、討論、論證，但對決策執行效果的跟蹤反饋和決策失誤責任追究重視不夠。近年來，隨著政府風險和責任意識的增強，中國開始探索建立決策評估和責任追究機制。二〇一〇年，國務院向下級政府部門發文，把決策評估作為決策必經的一道程序。凡是有關經濟社會發展和人民群眾切身利益的重大政策、重大項目等決策事項，各級政府部門都要進行合法性、合理性、可行性和可控性評估，重點是進行社會穩定、環境、經濟等方面的風險評估。決策風險評估的辦法是，建立由部門論證、專家諮詢、公眾參與、專業機構測評相結合的風險評估工作機制，通過輿情跟蹤、抽樣調

▲ 山東濟南，人大代表聯繫選民工作站掛牌。

查、重點走訪、會議討論等方式，對決策可能引發的各種風險進行科學預測、綜合研判，確定風險等級並制訂相應的化解處置預案。同時，在重大決策執行過程中，決策者必須跟蹤決策的實施情況，通過多種途徑了解利益相關方和社會公眾對決策實施的意見和建議，全面評估決策執行效果，並根據評估結果決定是否對決策予以調整或者停止執行。對違反決策規定、出現重大決策失誤、造成重大損失的，按照誰決策、誰負責的原則，對決策失誤者進行追責，如經濟賠償、辭職等。中國政府通過這種制度安排，有效地加強了對決策權力的制約和控制，明確決策者的權力和責任。

在設立決策程序和機制的同時，中國共產黨和中國政府也設計了一套比較嚴格的決策執行與運行機制，以便使決策能夠高效率地實施。第一步，決策機關（決策者）在對重大事項作出決議後，根據集體領導和分工負責的原則，決策執行者按照自己的分工，負責組織實施。第二步，如果實施過程中遇到不同執行者分工交叉的情況，由執行機關確定一名具體負責人牽頭組織實施，以避免彼此相互推諉。第三步，在明確各自責任的前提下，決策實施者會同有關責任部門研究制訂執行計劃和時間表，把任務細分到每個人頭，做到人人有責。第四步，集體討論形成的決策，任何個人在實施過程中無權改變，個人和少數人有不同意見的允許保留，也可按組織程序向上級反映，但在領導集體沒有作出新的決策之前，應當無條件執行。第五，如果在執行過程中情況發生變化，需要對集體決策進行改變或修改的，必須經領導集體復議，再作出新的決定。新的決定一旦作出，決策實施者（執行者）必須按新的決定執行。第六，在決策實施過程中，由各級決策機關內設的監督辦公室負責對決策執行情況進行檢查和督促。

實踐證明，嚴密的、高度制度化的決策程序和執行程序，一方面有力

地推動了中國決策的科學化與民主化進程，另一方面大大提高了中國國家治理效率和權力運行效率。中國改革開放三十多年取得的巨大成就，與這套科學、高效的決策與執行機制有著密不可分的關係。當然，也必須承認，當前中國的決策權、執行權、監督權配置還不夠合理，某些方面權力過於集中且缺乏有效監督，執行不力的問題也時有發生。中國共產黨和中國政府已經意識到這些問題的存在，並在實踐中開始對決策權、執行權、監督權的配置進行探索和完善。

▌權力制約和監督機制

改革開放以來，中國對權力結構和運行機制進行了重大調整，並按照結構合理、配置科學、程序嚴密、制約有效的原則，逐步建立起決策權、執行權、監督權既相互制約又相互協調的權力結構和運行機制。同時，中國還非常重視在實踐中推進權力運行程序化和公開透明，加強對權力的制約和監督。當前，中國已形成了由中國共產黨黨內監督、人大監督、政府內部監督、政協民主監督、司法監督、公民監督和輿論監督組成的具有中國特色的監督體系。各監督主體既相對獨立，又密切配合，形成了整體合力。

中國共產黨黨內監督是黨的各級組織和廣大黨員依據黨章和其他黨內法規以及國家法律，重點對黨的各級領導機關和領導幹部特別是各級領導班子主要負責人進行的監督。中國共產黨不斷探索加強黨內監督的措施和辦法，進一步完善集體領導和分工負責、重要情況通報和報告、民主生活會、詢問和質詢等黨內監督十項制度。中共中央和省級黨委都建立巡視機構，對下級黨組織領導班子及其成員貫徹執行黨的路線方針政策和決議、決定，執行黨風廉政建設責任制和自身廉政勤政等情況進行巡視監督。黨的紀律檢查機關對派駐機構實行統一管理，加強對駐在部門領導班子特別是主要領導幹部的監督。大力發展黨內民主，為加強黨內監督創造有利條件。健全和完善黨的代表大會制度，發揮黨的委員會全體會議對重大問題的決策作用，推行和完善黨委常委會向全委會定期報告工作並接受監督制度。改革和完善黨內選舉制度，規定差額推薦和差額選舉的範圍和比例，

逐步擴大基層黨組織領導班子成員直接選舉範圍。《中國共產黨黨員權利保障條例》明確了黨員行使權利的程序和參與黨內監督的各項權利。

人大監督是國家權力機關代表國家和人民對國家行政機關、司法機關和國家法律實施情況進行的監督。人民代表大會行使法律賦予的各種監督職權，通過詢問、質詢、執法檢查、聽取和審議有關部門工作報告以及預算審查等手段，加強對政府、法院、檢察院及其工作人員的監督，促進依法行政、公正司法，預防和制止各種腐敗現象。

政府內部監督包括層級監督和監察、審計等專門機關的監督。各級政府、政府各部門的上級對下級、政府對部門、行政首長對工作人員的行政行為進行層級監督。監察機關全面履行法定職責，開展執法監察、廉政監察和效能監察，依法對監察對象行使職權、履行職責、勤政廉政等情況實施監督。審計機關依法對政府的預算執行情況和決算以及其他財政財務收支情況進行監督。這些監督形式對於規範行政執法、促進依法行政、建設法治政府，發揮了重要作用。

政協民主監督是具有中國特色的監督形式。中國人民政治協商會議是中國共產黨領導的多黨合作和政治協商的重要機構。政協主要通過召開會議、提交提案、組織委員視察、開展民主評議等形式，對憲法和法律法規的實施、重大方針政策的貫徹執行、國家機關和國家工作人員履行職責和遵紀守法等方面的情況進行監督。中國共產黨各級委員會和中國各級人民政府在作出重大決策、出臺重要規定前，都要徵求同級人民政協和各民主黨派的意見和建議。

司法監督包括人民法院的監督和人民檢察院的監督。人民法院的監督是指上級法院對下級法院、最高人民法院對全國法院審判工作是否合法、

▲ 二〇一三年十二月二十七日，十二屆全國人大常委會第六次會議舉行聯組會議，就國務
院關於農村扶貧開發工作情況的報告進行專題詢問。

公正的監督。人民法院還通過審理行政案件，對政府具體行政行為的合法
性進行審查。人民檢察院的監督，包括依法對訴訟活動的法律監督和對國
家工作人員職務犯罪行為的監督。人民檢察院通過對立案、偵查、審判、
刑罰執行和監管活動的監督，實施對訴訟活動全過程的監督；通過查辦貪
污賄賂、瀆職侵權等職務犯罪案件，對國家工作人員職務行為進行監督。

　　公民對國家機關和國家工作人員提出批評、建議、申訴、控告或者檢
舉，是憲法賦予公民的監督權利。在中國，公民通過檢舉、控告參與反腐
敗的渠道是暢通的。中國政府設有專門的信訪機構，受理公民提出的檢舉
控告和意見建議。中國共產黨各級紀律檢查機關、國家檢察機關、政府監
察機關和審計機關等都建立了舉報制度，開通了舉報電話，設立了舉報網

站，受理公民的檢舉和控告。對受理的舉報線索，相關部門依法依紀進行調查或轉送有關部門處理。在鼓勵公民舉報腐敗案件的同時，國家重視維護舉報人的合法權益。中國的《刑法》《刑事訴訟法》《行政監察法》等法律法規和中國共產黨黨內法規都對保護舉報人作了明確規定，對舉報人的有關情況予以保密，嚴禁洩露舉報人身分或者將舉報材料、舉報人情況透露給被舉報單位、被舉報人，對打擊報復舉報人的行為進行懲處。

中國重視發揮輿論監督的作用，依法保護報刊、電視、廣播等新聞媒體的採訪權和輿論監督權，支持新聞媒體披露各種不正之風和黨政機關及其工作人員中的違法違紀問題。政府有關部門高度關注新聞媒體反映的問題，積極回應社會關切，及時提出解決辦法，改進工作。近年來，隨著互聯網的快速發展和廣泛普及，網絡監督日益成為一種反應快、影響大、參

▲ 二〇一三年九月，中紀委監察部網站正式開通，接受網絡信訪舉報是該網站的主要功能之一。

與面廣的新興輿論監督方式。中國高度重視互聯網在加強監督方面的積極作用，切實加強反腐倡廉輿情網絡信息收集、研判和處置工作，完善舉報網站法規制度建設，健全舉報網站受理機制及線索運用和反饋制度，為公民利用網絡行使監督權利提供便捷暢通的渠道。與此同時，加強輿論監督的管理、引導和規範，維護輿論監督的正常秩序，使輿論監督在法制軌道上運行。

陽光是最好的防腐劑，公開是對權力最好的監督。從二十世紀八〇年代開始，中國政府積極推行政務公開、廠務公開、村務公開和公共企事業單位辦事公開等制度。頒佈《中華人民共和國政府信息公開條例》等重要法規文件，規定按照公開是原則、不公開是例外的要求，及時、準確地公開除涉及國家祕密、商業祕密和個人隱私以外的政府信息，依法保障公民的知情權、參與權、表達權和監督權。中央和國家機關、各省(自治區、直轄市)普遍建立了新聞發佈和新聞發言人制度，絕大多數縣級以上政府建立了政府網站。國家司法機關推進審判公開、檢務公開、警務公開、獄務公開等司法公開制度，為加強對司法活動的監督提供了有力保證。中國共產黨積極推進黨務公開，發佈實施《關於黨的基層組織實行黨務公開的意見》，健全黨內情況通報制度，及時公佈黨內事務特別是黨組織重大決策、幹部選拔任用、黨員領導幹部執行廉潔自律規定等情況，拓寬黨員了解黨內事務和表達個人意見的渠道。

新中國成立六十多年來，尤其是中國改革開放三十餘年來，中國已經建立起具有自身特色的比較規範的領導體制和政治運行機制。實踐證明，它是與中國社會主義初級階段基本國情相符合的，有利於推動國家治理體系現代化和提高國家治理效率，防止政治權力過於集中，形成權力之間既

相互協調又相互制約的合理格局。隨著政治體制和運行機制的逐步完善，中國國家治理體系也將逐步完備，中國經濟、社會將更加平穩、健康發展。

▲ 國務院新聞辦公室新聞發佈會現場。新聞發佈機制已成為中國各級黨委和政府部門推行黨務公開、政務公開的重要保障之一。

第二章

創新行政管理體制

創新行政管理體制，是中國政治體制改革的一部分。改革開放以來，中國政府本著「政府是人民的政府」的施政理念，加快轉變政府職能，推進政府依法行政，提供優質公共服務，維護社會公平正義，推動行政運行機制和政府管理方式朝著「規範有序、公開透明、勤政高效、清正廉潔」的目標轉變，建設一個人民滿意的服務型政府。

轉變與正確履行政府職能

計劃經濟時期，中國政府通過指令性計劃和行政手段對經濟和社會進行管理，扮演著生產者、監督者、控制者的角色。由於政府承擔過多功能，導致該管的事沒有管好，不該管的事又管了。一九七八年改革開放後，中國政府逐步改變以往做法，依法重新界定政府的管理職能。按照凡是公民、法人或其他組織能夠自主解決的，市場競爭機制能夠調節的，行業組織或者中介機構通過自律機制能夠調整的事項，行政機關不要通過行政管理去解決的原則，逐步理順政府與企業、政府與市場、政府與社會的關係，把政府不該管的事情逐步交給企業、市場和社會。

▲ 天津市濱海新區行政審批局辦事大廳，現場審批率達到百分之百。

行政審批制度改革，是中國政府職能轉變、簡政放權的一個縮影。在中國，由於傳統的高度集中的計劃經濟體制的巨大影響，行政審批被廣泛地運用於許多行政管理領域。應該說，這一制度在保障、促進中國經濟和社會發展中，發揮過重要作用。但是，隨著中國市場經濟的日益發展以及中國正式成為 WTO 的成員之後，行政審批制度由於缺乏有效的法律規範，長期存在的問題就越來越突出。二〇一三年，中國新當選總理李克強在記者見面會上曾這樣說：「機構改革不易，轉變職能更難，因為它更深刻。在地方調研的時候，常聽到這樣的抱怨，辦個事、創個業要蓋幾十個公章，群眾說惱火得很。這既影響了效率，也容易有腐敗或者叫尋租行為，損害了政府的形象。」這段話直指行政審批制度的缺陷。

　　近年來，中國政府啟動了多次行政審批制度改革，在多方面取得了突破性進展：（1）逐步取消調整行政審批項目。自二〇〇一年九月改革啟動以來，國務院各部門的審批項目先後經歷了六次全面清理。至二〇一二年八月，國務院十年來分六批共取消和調整了 2497 項行政審批項目，占原有總數的 69.3％。據統計，各省（區、市）本級共取消調整審批項目 3.6 萬餘項，占原有審批項目總數的 68.2％。新一屆中國政府承諾，未來幾年內，將把剩餘的一千七百多項行政審批再削減三分之一以上。（2）嚴格控制新設行政審批項目。在取消、調整行政審批項目的同時，政府對擬新設的行政審批項目進行嚴格控制。目前，中國已初步建立了比較完善的新設行政審批項目審查論證機制。（3）加強對審批權的監督。近年來，中央紀檢監察機關及其派駐機構加強了對違法設立審批等違紀違法行為的監督和懲治力度，督促有關部門主動接受人大代表、政協委員和社會各界的監督。同時，中國各省（區、市）通過技術創新，建立電子監察系統，

▲ 通過行政效能電子監察系統，人們可以對各級政務服務中心的服務質量、工作紀律等實施實時、全程跟蹤和監督。

對行政審批事項進行實時監控、預警糾錯、績效評估、信息服務和投訴處理等。（4）創新行政審批辦法。推動行政審批制度改革的過程中，各級政府改進審批辦法，提高辦事效率。譬如，有些地方政府在網上進行審批，解決傳統審批模式信息不透明、流程繁瑣、時間過長等問題。有些地方政府對保留的行政審批項目編制了目錄，推動行政審批公開、透明，防止「暗箱操作」。目前，中國地方政府大多數建立起行政審批服務中心。截至二〇一一年十月，各地已建立政務服務中心二千八百多個，省、市、縣、鄉聯動的政務服務體系基本形成。

經過上述一系列改革，中國在一定程度上解決了以往行政審批過多過

濫的問題，並從源頭上有效地減少了腐敗的發生。同時，通過行政審批制度改革，政府把不該管的事情交給企業、社會和市場，理順了政府與市場、政府與社會的關係，市場配置資源的基礎性作用進一步增強，權力過分集中的現像有所改變。

簡政放權和減少行政審批，使政府有更多的時間和精力來履行戰略規劃、市場監管、社會管理與公共服務職能，更好地為經濟社會協調發展服務。近年來，中國政府加強對市場監管力度，從最貼近老百姓生活的食品藥品專項整治，到遏制教育亂收費，再到整頓市場秩序、建設信用體系、「環保風暴」刮向違規企業，這一系列市場監管手段，保證了中國經濟的持續健康發展，為普通民眾安居樂業提供保障。同時，中國政府也正努力完善社會管理體制和管理格局，維護社會秩序和社會穩定，促進社會公正。國務院公佈《突發公共衛生事件應急條例》《地質災害防治條例》等行政法規，制訂《國家突發公共事件總體應急預案》等一百零六件應急預案，不斷提高應對各類突發事件的能力。近些年來，中國政府有力、有序、有效地應對了南方部分地區低溫雨雪冰凍災害、四川汶川和青海玉樹特大地震、甲型 H1N1 流感疫情、西南地區乾旱等各類重特大突發事件。所有這些充分表明，中國政府應對各種危機和突發事件的綜合能力有了顯著提升。

關注中國的人會發現，伴隨經濟的快速發展和人民利益需求的上升，近年來，中國政府越來越重視回應社會的公共訴求，逐步健全和完善公共政策和公共服務體系，加大財政對教育、科技、文化、衛生等社會事業的支持力度，積極穩妥地推進部分公共產品和服務的市場化進程。譬如推進教育公平，免除農村寄宿制學生住宿費，建立起完整的家庭經濟困難學生

▲ 近年來，中國政府加大了財政對教育、科技、文化、衛生等社會事業的支持力度。圖為農村小學生領到了免費課本。

資助體系，初步解決農民工隨遷子女在城市接受義務教育的問題。積極穩妥推進醫藥衛生體制改革，全面建立城鎮居民基本醫療保險制度、新型農村合作醫療制度，惠及十三億城鄉居民。建設覆蓋城鄉的社會保障體系。截至二〇一三年底，城鎮職工基本養老保險實現省級統籌，實施養老保險關係跨省轉移接續辦法，2489 個縣（市、區）實施新型農村合作醫療制度，新型農村合作醫療參合率 99.0％。此外，中央財政加大對保障性安居工程、文化惠民工程和公益性文化事業的投入及其他公共產品的供給，滿足了人們群眾對公共產品的基本需求。

從總體上來說，改革開放三十餘年來，中國政府在轉變自身職能方面

做了大量卓有成效的工作，政府宏觀經濟調控能力及社會管理和服務能力有了很大提升。但是，與成熟的發達國家政府相比，中國政府職能調整還有一定空間，政府直接配置資源的範圍仍然偏大，對微觀經濟主體的干預仍然較多，公共供給顯得不足，市場監管和社會服務管理相對偏弱。對於這些問題和不足，中國政府已經深刻地意識到，並開始著手改變這一現狀，推動政府職能全方位轉變。

▌推進依法行政

依法行政，是中國貫徹依法治國方略的重要內容之一，也是中國政府施政的基本準則。在當代中國，法律對依法行政的內容作了相關的規定：行政機關只能行使法律授予的與其職能相一致的權力；行政權的行使，不得與法律相牴觸；行政權的行使，必須以法律為依據；沒有法律依據，不得使人民承擔義務或免除特定人應負的義務，不得侵害人民的權利或為特定人設定權利；在法律允許行政機關作出自由裁量的情況下，其決定不得超過法律規定的範圍和界限；行政機關有違法或不當行為，對公民、法人和其他組織的合法權益造成損害的，當事人有權申請復議或直接向人民法院起訴，通過行政復議程序和行政訴訟程序，糾正其違法或不當行為，並對造成的損害予以行政賠償。概括起來說，依法行政就是做到既不失職又不越權。

為了保證行政機關既不失職又不越權，中國政府本著「以人為本、執政為民」的理念，在進行行政立法時，高度關切人民群眾的合法利益，注意推動經濟和社會事業全面協調發展。多年來，中國國務院先後提請全國人大常委會審議《安全生產法（草案）》《傳染病防治法（修訂草案）》《公務員法（草案）》等法律議案，公佈或修改公佈了《失業保險條例》《城市居民最低生活保障條例》《勞動保障監察條例》《宗教事務條例》《工傷保險條例》《城市生活無著的流浪乞討人員救助管理辦法》《婚姻登記條例》《法律援助條例》《道路交通安全法實施條例》等行政法規。在上述立法中充分體現對社會困難群體的照顧，使政府行政體現更多的人文關懷。

經過幾十年的努力，如今中國各級人民政府的行政權力已逐步納入法治化軌道，依法行政取得了重要進展。截至二〇一一年八月底，中國已制訂七百零六部現行有效的行政法規。這標誌著規範政府權力的取得和運行的法律制度已基本形成，從而為政府依法行政提供了比較健全的法律依據。

　　關於政府的行政行為，中國法律作了相應的規定。在行政許可設定的

▲　《行政許可法》宣傳諮詢活動

事項和程序方面，中國的《行政許可法》規定：凡是公民、法人或者其他組織能夠自主決定的，市場競爭機制能夠有效調節的，行業組織或者中介機構能夠自律管理的，行政機關採用事後監督等其他行政管理方式能夠解決的事項，一般不設定行政許可。《行政許可法》還規定，行政機關實施行政許可必須合法、公開、公正、便民，遵循不得擅自改變已經生效的行政許可的信賴保護原則。在行政徵收、徵用方面，按照《憲法》和《物權法》的規定，國家為了公共利益的需要，依照法律規定的權限和程序，可以徵收集體所有的土地和單位、個人的房屋及其他不動產。徵收集體所有的土地，應當依法足額支付土地補償費、安置補助費、地上附著物和青苗的補償費等費用，安排被徵地農民的社會保障費用，保障被徵地農民的生活，維護被徵地農民的合法權益。徵收單位、個人的房屋及其他不動產，應當依法給予拆遷補償，維護被徵收人的合法權益；徵收個人住宅的，還應當保障被徵收人的居住條件。在行政處罰方面，中國的《行政處罰法》規定，對違反行政管理秩序的行為，應當給予行政處罰的，只能由法律、法規或者規章設定，並由行政機關依照該法規定的程序實施。沒有法定依據或者不遵守法定程序的，行政處罰一律無效。行政機關發現公民、法人或者其他組織有依法應當給予行政處罰的行為的，必須全面、客觀、公正地調查，收集有關證據。行政處罰決定作出後，當事人有權申請行政復議、提起行政訴訟或者依法提出賠償要求。

關於政府的行政監督、救濟，中國通過制訂一系列法律加以規範。在行政復議方面，中國的《行政復議法》規定，公民、法人或者其他組織認為具體行政行為侵犯其合法權益的，可以向行政機關申請行政復議。行政復議機關經過審理，可以依法決定撤銷、變更，或者確認該具體行政行為

▲ 江蘇無錫消防支隊舉行消防行政處罰聽證會。

違法，可以責令行政機關在一定期限內履行法定職責或者重新作出具體行政行為。在行政訴訟方面，中國的《行政訴訟法》規定，公民、法人或者其他組織對行政機關和行政工作人員作出的具體行政行為不服的，有權依法向人民法院提起訴訟。人民法院經過審理，對具體行政行為存在主要證據不足、適用法律法規錯誤、違反法定程序、超越職權、濫用職權等情形的，可以判決撤銷或者部分撤銷，並可以判決被告重新作出具體行政行為。在行政賠償方面，中國的《國家賠償法》規定，行政機關及其工作人員違法行使行政職權侵犯人身權和財產權的，受害人有獲得賠償的權利，並對行政賠償請求人和行政賠償義務機關、賠償程序、賠償方式和計算標

▲ 新修訂的《中華人民共和國國家賠償法》於二〇一〇年十二月一日起施行。圖為司法工作人員向居民發放有關宣傳材料。

準等作了規定。在行政監察和審計方面，中國的《行政監察法》規定，由監察機關對行政機關在遵守和執行法律、法規和人民政府的決定、命令中的問題進行監察。同時，《審計法》規定，由審計機關對國務院各部門和地方各級政府的財政收支、國有金融機構和企業事業組織的財務收支等進行審計監督。

在健全行政法規的同時，中國政府強調嚴格按照法定權限和程序行使職權，全面推行行政執法責任制，嚴格追究執法過錯責任，不斷強化執法人員依法行政意識，減少和杜絕執法隨意性。在執法過程中，注意依法保障當事人和利害關係人的權益，堅決糾正行政執法中損害群眾利益和以權

謀私等各種違法行為，切實做到嚴格執法、公正執法、文明執法。

近年來，政府堅決糾正和嚴肅處理了在城鎮房屋拆遷、農村土地徵用和徵收、城市管理等方面侵犯群眾權益的違法行政行為。據不完全統計，自二〇〇五年以來，中國各級行政機關共追究行政執法責任二十八萬多人次，主要涉及城市管理、徵地拆遷、安全生產、食品藥品安全、環境保護等方面的行政執法行為。例如，二〇一三年五月，陝西延安市發生了一起惡性城管暴力執法事件，造成執法對象被踩踏致面部出血。此事被網友爆料後，依照相關法規，事件責任人很快受到撤職等處分，參與鬥毆的兩名城管人員分別被刑事拘留和行政拘留。這個案例從一個側面表明，中國政府通過建立行政執法責任制，對執法人員的濫執法、亂執法、暴力執法等行為進行嚴厲處罰，為行政執法對象的合法權益提供法制保障。這是中國走向法治國家的又一例證。

公務員制度的建立與完善

　　國家公務員制度，又稱為「文官制度」，指的是通過制訂法律和規章，依法對政府中行使國家行政權力、執行國家公務的人員進行科學管理的一種人事制度。早在一千五百年前，中國就開始運用考試的辦法來選拔官吏，這種制度被稱為科舉考試制度，是現代文官制度的雛形。不過，現代意義上的公務員制度，最初形成於西方國家。一八五五年五月，英國公佈了《關於錄用王國政府文官的樞密院令》，這是現代公務員制度正式確立的標誌。公務員制度的出現，是人事管理制度走向現代化的標誌。

　　一九七八年中國開始實行改革開放，政治體制改革也隨之提上日程。中國的人事制度改革就是在這樣一個時代背景下開始啟動的。二十世紀八〇年代初期，中國開始試行現代公務員制度，並結合中國國情加以發展和完善。

　　一九八二年、一九八三年，中國開始對中央和地方國家機關先後進行改革，並按照幹部「四化」（知識化、專業化、年輕化、革命化）的方針，調整了各級領導班子，建立了老幹部的離休、退休制度，開始逐漸廢除實際上長期存在的領導職務終身制。與此同時，許多地區和部門在幹部的錄用、考核、交流、培訓等方面也進行了一系列的改革探索。但是，一些單項制度的改革往往因為缺少全局的配合而難以真正發揮作用。幹部人事制度的改革是一項系統工程，任何局部的問題都不是孤立存在的，頭疼醫頭、腳疼醫腳的方式是不能從根本上解決問題的。所以，必須進行綜合性的配套改革。於是，中共中央在一九八四年提出要制訂《國家工作人員

▲ 公務員招錄考試報名現場

法》，後改名為《國家行政機關工作人員條例》，又更名為《國家公務員暫行條例》。一九八八年三月，為進一步加強政府人事工作，更好地推行公務員制度，中共中央決定成立國家人事部。可以說，國家人事部的成立標誌著國家公務員制度開始向實施階段過渡。中國人事部從一九八九年起即開始組織公務員制度的試點工作，首先在國務院的審計署、海關總署、國家統計局、國家環保局、國家稅務局等部門進行試點。一九九○年，又在黑龍江省哈爾濱市和廣東省深圳市進行試點。在此期間，《國家公務員暫行條例（草案）》中的一些單項制度，如考試錄用制度、親屬迴避制度、人事考核制度、人員培訓制度等也在全國範圍內試行並取得了很好的效果。在這些試點基礎上，一九九三年八月，中國國務院正式簽署頒發了

▲ 公務員招錄考試筆試現場

《國家公務員暫行條例》。至此，一個符合中國國情的、具有中國特色的公務員制度在中國正式建立起來。

　　至今，現代公務員制度在中國已經實行了二十年。經過多年的探索和改革，公務員制度已經逐步走向法制化和規範化軌道。二〇〇五年四月二十七日，經過反覆論證，十屆全國人大常委會第十五次會議審議通過了《中華人民共和國公務員法》，並於二〇〇六年一月一日正式實施。隨後，中國又出臺了多個補充條例，它們分別是《公務員考核規定（試行）》《行政機關公務員處分條例》和《人事爭議處理規定》等。《公務員法》及配套規定的頒佈實施，標誌著中國公務員管理進入了法制化的新階段，在中國人事制度發展進程中具有里程碑意義。

《公務員法》及配套法規的頒佈實施，為健全完善公務員制度提供了法律依據。根據《公務員法》相關規定，在中國，公務員的範圍相對比較寬泛，不僅包括政府、人民代表大會、政治協商會議及司法機關的工作人員，也包括各個黨派的工作人員。具體來說，主要包括七類人員：第一類，中國共產黨機關的工作人員。包括中央和地方各級黨委和紀檢委的專職領導人員；中央和地方各級黨委工作部門和紀檢機關的工作人員；街道、鄉、鎮黨委機關的工作人員。第二類，人民代表大會機關的工作人員。包括全國人大常委會委員長、副委員長、秘書長、專職常委，地方各級人大常委會主任、專職副主任、秘書長，鄉鎮人大專職主席、副主席；各級人大專門委員會辦事機構的工作人員；各級人大常委會工作機構的工作人員。第三類，行政機關的工作人員。包括各級人民政府的組成人員，各級人民政府工作部門及派出機構的工作人員。第四類，政協機關的工作人員。包括各級政協主席、專職副主席、秘書長；各級政協工作機構的工作人員；政協專門委員會辦事機構的工作人員。第五類，審判機關的工作人員。包括各級人民法院的法官、審判輔助人員和行政管理人員。第六類，檢察機關的工作人員。包括各級人民檢察院的檢察官、檢察輔助人員和行政管理人員。第七類，民主黨派機關的工作人員。包括八個民主黨派中央和地方各級委員會主席（主委）、專職（駐會）副主席、秘書長；中央和地方各級委員會職能部門和辦事機構的工作人員。

　　在現代民主社會，擔任國家公職既是公民的一項權利，也是公民應該履行的一種義務。但在現實生活中，並不是任何一個公民都可以報考公務員。那麼，在中國哪些人可以報考公務員呢？根據中國法律規定，報考公務員應當具備這幾個基本條件：一是具有中華人民共和國國籍；二是年滿

▲ 公務員招錄考試面試現場

十八周歲；三是擁護《中華人民共和國憲法》；四是具有良好的品行；五是具有正常履行職責的身體條件；六是具有符合職位要求的文化程度和工作能力；七是具有法律規定的其他條件。《公務員法》除了從正面規定公務員的基本資格條件外，還從反面作出了一些限制性規定，如曾因犯罪受過刑事處罰的人、曾被開除公職的人、有法律規定不得錄用為公務員的其他情形的人，都不得報考公務員。

在中國，錄用公務員的公正性為人們所廣泛關注。為此，中國法律設計了公務員錄用的嚴格程序。第一步，發佈招考公告。招考公告應當載明招考的職位、名額、報考的資格條件、報考需要提交的申請材料以及其他報考須知事項。第二步，招錄機關根據報考資格條件對報考申請進行審查，確認報考者提交的材料是否真實準確。第三步，對報考申請者組織進

行筆試和面試，招錄機關根據考試成績確定考察人選，並對報考者進行報考資格複查、考察和體檢。第四步，招錄機關根據考試成績、考察情況和體檢結果，提出擬錄用人員名單，並予以公示。第五步，公示期滿後，中央一級招錄機關將擬錄用人員名單報中央公務員主管部門備案；地方各級招錄機關將擬錄用人員名單報省級或設區的市級公務員主管部門審批。新錄用的公務員還有一年試用期。試用期滿考核合格的，予以任職；不合格的，取消錄用。

▲ 新錄用公務員舉行宣誓儀式，宣誓恪盡職守，廉潔奉公。

近年來，中國遵循「公開、平等、競爭、擇優」的原則，在嚴格規範和完善考試錄用、公開選拔、競爭上崗制度上做了大量的工作，並逐步形成科學規範選人用人機制。公開考試、擇優進人，是中國公務員制度的一個顯著特點，是對傳統進人方式的重大改革。目前，「凡進必考」制度在中國基本建立，全國三十二個省、自治區、直轄市均實行了公開招考，實現了考錄工作的制度化、規範化和正常化，形成了涵蓋筆試、面試、體檢、考核、監督等諸環節的考錄法規體系。中央和地方在考錄實踐中，主要突出對考生能力、素質和知識面的測評，打破身分、地域限制，不拘一格選人才；堅持公開考錄政策，公開考錄計劃，公開資格條件，公開考試成績，公開錄取結果，人們形象地把這「五公開」稱為「玻璃房子裡的競

▲ 公務員培訓活動

爭」。通過公開招考，一大批素質好、年紀輕、學歷高的優秀人才進入公務員隊伍。「凡進必考」的觀念深入人心，得到了社會的廣泛認可和支持。

「授任必求其當，用人必考其功」，加強公務員績效考核和評估是建立責任政府、提高行政效能的重要手段，是當今各國行政管理的共同發展趨勢。近年來，在完善公務員競爭擇優機制同時，中國以《公務員法》為依據，探索建立起公務員考核和政府績效評估制度。二〇〇七年，中國專門頒佈了《公務員考核規定（試行）》，對公務員考核的基本原則、內容、標準、程序等作出了詳盡的規定，並將考核結果與公務員的職務、級別、工資晉陞和獎懲、培訓、辭退結合起來，推進公務員考核工作朝著更加規範化、制度化方向發展。

當然，由於中國公務員制度建立時間還比較短，有些方面還不太成熟和規範，如公務員分類還不太明晰，公務員監管制度不夠完善，公務員錄用考試中存在舞弊行為等。所有這些，是中國公務員制度下一步需要改革和完善的地方。

政務公開與行政問責

　　政府運作的透明、公開以及推行行政問責，是現代社會發展的大趨勢，也是建設服務政府、責任政府的重要前提。中國政府高度重視推行政務公開和行政問責，提高政府工作的透明度，保障人民群眾對政府工作的知情權、參與權和監督權，對於損害國家利益和侵犯公眾利益的官員進行追責和懲罰，以提高政府工作人員的責任感。

　　近年來，中國國務院要求其下級政府部門辦理行政事項，除保密之外的事務都必須向社會公開。二○○七年一月，國務院審議通過《中華人民共和國政府信息公開條例》，隨後，中國各省（區、市）及國務院組成部

▲ 政府信息公開查詢點

門陸續出臺推行政務公開的具體措施，明確政務公開的內容、形式、標準和具體要求，形成了相對完整的自上而下的政務公開制度體系。

伴隨相關法規條例的出臺，政府政務公開在實踐中也有了很大進展。概括起來主要有：（1）開通政府網站。截至二〇一〇年底，全國建立行政機關門戶網站達四點四萬個，政府網站體系基本形成。（2）普遍建立行政服務中心。截至二〇一一年底，三十二個省（區、市）共設立政務（行政）服務中心 2912 個（含各級各類開發區設立的服務中心），其中，省級中心十個，市（地）級 368 個，縣（市）級 2534 個；30377 個鄉鎮（街道）建立了便民服務中心。（3）辦理依法申請公開信息。截至二〇一一年，全國主動公開政府信息 2885 萬多條，辦理申請公開信息一百三十

▲ 行政服務中心

多萬條，百分之八十五以上的申請都予以公開。中央國家機關各部門各單位主動公開政府信息 149 萬多條，辦理依申請公開信息三千多條，百分之七十以上的申請都予以公開。（4）擴大財政預算公開範圍。以二〇一一年為例，報送全國人大審議部門預算的九十八家單位，有九十家公開了部門預算。編報「三公」經費財政撥款預算的一百三十一家中央部門，九十九家公開了「三公」經費。全國三十二個省（區、市）和五個計劃單列市都公開了公共財政預算，有二十四個省公開了政府性基金預算，五個省公開了國有資本經營預算。

除上述幾個方面外，中國政府特別要求學校、醫院和水、電、氣、公交等與人民群眾利益密切相關的公共部門和單位，要全面推行辦事公開制度。近年來，通過推廣政府門戶網站為窗口的電子政務、建立健全政府新聞發言人制度和突發事件新聞報導機制等工作，政府工作透明度不斷提高。目前，中國政府正在制訂旨在增加政務管理透明度的法規，為規範政務公開提供制度保障。

在增加政府透明度同時，中國還設立了行政問責制。推行行政問責，是中國建設責任政府的一個重要步驟。在中國，行政問責制是指對現任該級政府負責人、該級政府所屬各工作部門和下級政府主要負責人進行內部監督和責任追究的制度。這項制度引入中國並作為行政管理體制改革的重要內容，是在二〇〇三年以後。

二〇〇三年中國爆發非典型肺炎突發事件後，第一次啟動了行政問責程序，對相關責任人給予了撤職、警告等懲罰。隨後，中國政府開始摸索建設應對突發事件機制的經驗。同年五月，中國政府制訂並公佈《公共衛生突發條例》，第一次明確了相關部門與負責人在突發性事件中應承擔的

▲ 「政務公開日」諮詢活動

責任、義務和違法行為的法律責任。以此為起點，中國先後制定相關法規條例，明確規定政府公職人員各種違法行為的法律責任。譬如，二〇〇三年八月，在《行政許可法》中，中國政府明確規定了違反本法應承擔的法律責任。二〇〇四年二月，中國共產黨中央委員會頒佈《黨內監督條例（試行）》和《中國共產黨紀律處分條例》，專門設立關於「詢問和質詢」「罷免或撤換」的規定，對有失職、瀆職行為黨員幹部的處分作出相應規定。二〇〇四年三月，國務院印發的《全面推進依法行政實施綱要》，對決策責任追究、行政執法責任制以及完善行政復議責任追究制度等作了明確的規定。二〇〇六年一月，《中華人民共和國公務員法》對公務員向上級承擔責任的條件和公務員辭職辭退作了明確規定。二〇〇八年初，國務院頒佈的《國務院工作規則》明確提出，國務院及各部門要推行行政問責制度和績效管理制度，並明確問責範圍，規範問責程序，嚴格責任追究，提高政府執行力和公信力。這是行政問責制第一次寫進《國務院工作規則》。

二〇〇九年六月，中國正式頒佈《關於實行黨政領導幹部問責的暫行規定》，首次把問責歸為七種類型：第一類，決策嚴重失誤，造成重大損失或者惡劣影響的；第二類，因工作失職，致使本地區、本部門、本系統或者本單位發生特別重大事故、事件、案件，或者在較短時間內連續發生重大事故、事件、案件，造成重大損失或者惡劣影響的；第三類，政府職能部門管理、監督不力，在其職責範圍內發生特別重大事故、事件、案件，或者在較短時間內連續發生重大事故、事件、案件，造成重大損失或者惡劣影響的；第四類，在行政活動中濫用職權，強令、授意實施違法行政行為，或者不作為，引發群體性事件或者其他重大事件的；第五類，對

群體性、突發性事件處置失當，導致事態惡化，造成惡劣影響的；第六類，違反幹部選拔任用工作有關規定，導致用人失察、失誤，造成惡劣影響的；第七類，其他給國家利益、人民生命財產、公共財產造成重大損失或者惡劣影響的失職行為。此後，各地政府也陸續出臺具體的行政問責的辦法和規定，為實行行政問責提供了制度依據。這標誌著中國行政問責制已基本形成。

伴隨著行政問責制度在中國的推行，中國掀起一次又一次「問責風暴」，行政問責也由此走入中國人的視野。

行政問責的一個著名案例，是河北省石家莊市的「三鹿」奶粉事件。自二〇〇七年十二月後，河北石家莊三鹿集團公司陸續接到消費者關於嬰幼兒食用三鹿牌奶粉出現疾患的投訴。但是，三鹿集團公司未就此事向政府和有關部門報告，也未採取任何補救措施，導致患嬰人數不斷增多。二〇〇八年八月初，當地政府接到有關三鹿牌奶粉問題的報告後，出於地方保護主義等原因，沒有就三鹿牌奶粉問題向河北省政府作過任何報告，也未向國務院和國務院有關部門報告，違反了有關重大食品安全事故報告的規定。二〇〇九年九月，依據《國務院關於特大安全事故行政責任追究的規定》《黨政領導幹部辭職暫行規定》等有關規定，石家莊市市委書記、市長及市政府有關部門的主要負責人受到行政問責。

近年來，中國對權力運行過程和結果的監督與問責在全國範圍全面推開。松花江污染事件、重慶開縣「12.23」特大井噴事故、北京密雲踩踏事故、山西「黑磚窯」事件、山西襄汾縣「9.8」尾礦潰壩、陝西「華南虎照」風波、溫州動車事故等相關責任人都受到問責和嚴肅處理。一批行政不作為、亂作為者丟掉「烏紗帽」，各級政府官員的責任意識、法治意

識和服務意識不斷增強。僅二〇〇九年一年，中國共對 7036 名領導幹部進行了問責。

　　行政問責制的建立和推行，是中國政府順應形勢發展的一項行政管理體制改革重大措施，也是中國責任政府建設的標誌性事件。經過多次改革和調整，中國政府的職能和治理理念發生了巨大變化，突出體現在「服務型、法治型、責任型」政府建設上。這是近十年來中國政治體制改革的主要成就之一，也是這一時期中國民主政治建設的重要特徵之一。

機構調整與大部制改革

中國現行的行政管理體制，是新中國成立後根據中國的政治體制、經濟社會發展狀況和歷史文化傳統等基本國情確定的，歷經了幾十年的改革完善。單是改革開放以來，已先後進行了六次以政府機構改革為重點的行政管理體制改革，在轉變政府職能、優化政府結構、推進依法行政、創新管理方式等方面取得重大進展，政府機構設置朝著大部制方向邁進了一大步。

改革開放之初的一九八二年，中國開始進行第一輪機構改革，當時主要遵循在行政系統內部進行中央和地方的集權與分權、機構數量增加與減少以及機構之間合併與分開的思路，政府機構設置出現「精簡─膨脹─再精簡─再膨脹」循環狀況。為改變這一局面，從一九八八年第二輪機構改革到二十世紀九〇年代末第三輪機構改革，重點開始轉向推進政府職能轉變。政府職能轉變從四個方面著手進行：一是從微觀管理向宏觀管理轉變；二是從直接指揮企業生產經營向統籌規劃、政策引導的間接管理轉變；三是從只管理部門所屬企業向全行業管理轉變；四是從對社會的管制向組織協調、提供服務和檢查監督轉變。這十年的改革旨在促進企業成為自我發展的市場主體，以建立起一個適應社會主義市場經濟體制需要的行政管理體制。

進入新世紀後，隨著經濟體制改革的深入和中國加入世界貿易組織，尤其是隨著中國社會主義市場經濟的發展，繼續推進政府機構改革勢在必行。為此，中共十六屆二中全會審議通過了《關於深化行政管理體制和機

構改革的意見》。二〇〇三年三月，十屆全國人大一次會議第三次全體會議通過了關於國務院機構改革方案的決定。這標誌著改革開放以來第四輪機構改革正式啟動。按照預定方案，這次機構改革的重點在於深化國有資產管理體制改革，完善宏觀調控體系，健全金融監管體制，繼續推進流通管理體制改革，加強食品安全和安全生產監管體制建設。通過調整和歸併業務相近以及因分工過細導致職責交叉和關係不順的機構，這次改革進一步減少了政府組成部門，加大了社會管理部門的改革力度。同時，中國還將分散到各部門的行政決策權相對集中於本級政府及其組成部門（中央）或本級政府及其綜合部門（地方），增強了政府整體運行功能，形成了精幹的政府組成部門與專業化的執行機構並存、分工合作、協調有效的政府組織體系。改革後除國務院辦公廳外，國務院組成部門共有二十八個。在推進國務院機構改革的同時，地方各級政府機構也相應進行了改革。

但是，這次改革仍然遺留了一些問題，如行政管理體制中的權力分散和配置不合理的現象仍然比較突出，與日益完善的市場經濟體制和服務經濟社會發展的要求仍然存在不相適應的一面。針對這些問題，二〇〇八年初，國務院制訂了新的機構改革方案，同年三月十一屆全國人大一次會議審議通過了關於政府機構改革方案的決定。標誌著又一輪機構改革的開始。

這次機構改革的主要任務是，圍繞轉變政府職能和理順部門職責關係，探索實行職能有機統一的大部門體制，合理配置宏觀調控部門職能，加強能源環境管理機構，整合完善工業和信息化、交通運輸行業管理體制，以改善民生為重點加強與整合社會管理和公共服務部門。這次改革方案是：第一，合理配置宏觀調控部門職能。國家發展和改革委員會減少微

▲ 二〇〇八年三月十五日，十一屆全國人大一次會議表決通過《關於國務院機構改革方案的決定（草案）》。

觀管理事務和具體審批事項，集中精力抓好宏觀調控。國家發展和改革委員會、財政部、中國人民銀行等部門建立健全協調機制，形成更加完善的宏觀調控體系。第二，加強能源管理機構。設立高層次議事協調機構國家能源委員會。組建國家能源局，由國家發展和改革委員會管理。第三，組建工業和信息化部。第四，組建交通運輸部。第五，組建人力資源和社會保障部。第六，組建環境保護部。第七，組建住房和城鄉建設部。第八，國家食品藥品監督管理局改由衛生部管理。明確衛生部承擔食品安全綜合協調、組織查處食品安全重大事故的責任。通過這輪改革和調整，除國務院辦公廳外，國務院組成部門設置為二十七個。

隨後，按照中央的總體部署，地方機構改革也漸次展開。至二〇〇九年上半年，省級政府機構改革基本完成，各省（區、市）政府廳局機構得到不同程度的精簡，全國共減少局級機構八十多個，朝著建立職能有機統一的大部門體制邁出關鍵一步。至二〇一〇年底，市縣政府機構改革也陸續到位。

經過二〇〇三年和二〇〇八年兩次機構改革，中國建立了以宏觀調控部門、市場監管部門、社會管理和公共服務部門為主體的政府機構框架，機構設置和職責體系趨於合理。這標誌著中國政府管理體制進一步向職能有機統一的大部門體制邁進。但同時應該看到，中國政府機構設置方面還存在不少問題，如：職能轉變仍不到位，政府各類機構仍然偏多，職能交叉、權責脫節的問題沒有根本解決，政府管理方式、行政效能、行政成本控制存在許多不足。解決這些問題，是當前和今後中國政府的重要任務。

按政府綜合管理職能合併政府部門，組成超級大部的政府組織體制，是中國行政體制改革的既定方向。大部制最基本的一個特點是，擴大部門

管理的業務範圍，把多種內容有聯繫的事務交由一個部管轄，從而最大限度地避免政府職能交叉、政出多門、多頭管理，從而提高行政效率，降低行政成本。在多次改革的基礎上，二〇一三年三月，中國政府啟動了新一輪機構改革，進一步整合了職能相近或相似的機構，減少國務院組成部門，朝著大部制方向邁進了一步。迄今，中國行政體制改革的任務並沒有

▲ 二〇一三年三月十日，十二屆全國人大一次會議聽取關於國務院機構改革和職能轉變方案的説明。

完成，大部制還沒有完全建立起來。

　　中國政府意識到，社會組織發展滯後，是制約政府職能轉變的一個重要因素。為徹底改變這一狀況，中國政府提出了一個目標：積極培育和發展各類社會組織，形成政社分開、權責明確、依法自治的現代社會管理體制。下一步的改革重點集中在兩個方面：一方面是培育和優先發展行業協會商會類、科技類、公益慈善類和城鄉社區服務類社會組織。這四類社會

▲ 二〇一三年十一月一日，地方政府職能轉變和機構改革工作電視電話會議在北京召開。

組織不再需要業務主管單位審查同意，直接向民政部依法申請登記。另一方面是建立健全統一登記、各司其職、協調配合、分級負責、依法監督的管理體制，促進社會組織健康有序發展。

第四章

推進法治中國建設

亞里士多德曾提出「法治應當優於一人之治」。法治是與人治相對立的一種治國方略，是人類走向文明的重要標誌，為各國人民所嚮往和追求。中國人民為爭取民主、自由、平等，建設法治國家，進行了長期不懈的奮鬥，深知法治的意義與價值。不過，一國的法治總是由一國的國情和社會制度決定並與其相適應，生搬硬套別國模式是行不通的。新中國成立以來，中國共產黨和中國人民為追求依法治國，建設社會主義法治國家，進行了不懈努力和探索，取得了來之不易的成果。

中國立法體制與法律體系

　　與聯邦制或邦聯制國家不同，中國是統一的、多民族的、單一制的社會主義國家。為維護國家法制統一，體現全體人民的共同意志和整體利益，中國實行統一而又分層次的立法體制。

　　在中國，國家立法權由全國人民代表大會及其常務委員會行使。全國人民代表大會制訂和修改刑事法律、民事法律、國家機構組織法和其他基本法律。全國人民代表大會常務委員會制訂和修改除應當由全國人民代表大會制訂的法律以外的其他法律，並可以對全國人民代表大會制訂的法律進行部分補充和修改，但是補充和修改不得同該法律的基本原則相牴觸。

　　考慮到中國幅員遼闊，情況複雜，各地發展不平衡，中國法律還規定，除全國人民代表大會及其常務委員會制訂法律外，國務院根據憲法和法律，可以制訂行政法規；省、自治區、直轄市的人民代表大會及其常務委員會在不同憲法和法律、行政法規相牴觸的前提下，可以制訂地方性法規，批准較大的市的人民代表大會及其常務委員會制訂的地方性法規；民族自治地方的人民代表大會有權依照當地民族的政治、經濟和文化的特點，制訂自治條例和單行條例。此外，國務院各部門和具有行政管理職能的直屬機構根據法律和行政法規，可以在其職權範圍內製定部門規章；省、自治區、直轄市和較大的市的人民政府，根據法律、行政法規和本省、自治區、直轄市的地方性法規，可以依法制訂規章。

　　為使法律符合公眾的根本利益和國家的整體利益，中國法律對立法程序和制訂法規程序作了詳細的規定。全國人民代表大會常務委員會審議法

律案一般實行「三審制」，即法律案一般應當經過三次常務委員會會議審議後再交付表決，對重大的、意見分歧較大的法律草案，審議的次數可以超過三次，如《物權法》草案經過全國人民代表大會常務委員會七次審議後，才提請第十屆全國人民代表大會第五次會議審議通過。提請全國人民代表大會審議的法律草案，要經過代表大會會議、代表團全體會議、代表小組會議的反覆審議；提請全國人民代表大會常務委員會審議的法律草案，要經過常務委員會全體會議、分組會議的反覆審議。每部法律的出臺，都要經過反覆審議，充分討論，基本達成一致意見後，再提請全國人民代表大會或者全國人民代表大會常務委員會的全體會議表決。這種多次審議的過程，就是通過協商以求充分表達各種利益訴求，併力求把各種利

▲ 涉及廣大人民切身利益的《物權法》草案歷經七次審議後，提請第十屆全國人民代表大會第五次會議審議通過，並於二〇〇七年十月一日起施行。

▲ 全國人大舉行個人所得稅工薪所得減除費用標準立法聽證會。

益關係調整好、平衡好的過程。經過充分協商再提請表決的程序民主，體現了中國人民代表大會制度的鮮明特點。

在設置嚴密立法程序基礎上，中國立法機構還高度重視在立法過程中發揚民主，集中民智，反映民意。譬如，在提出法律草案和行政法規草案、地方性法規草案時，通常會召開座談會、論證會、聽證會等多種形式，廣泛聽取各方面意見，增強立法的透明度和公眾參與度。關係公眾切身利益或者涉及需要設立普遍的公民義務的法律、法規草案，立法機構還會在新聞媒體上全文公佈，徵求全體人民的意見。不僅如此，法律、法規通過後，立法機構及時在各級人大及政府公報、政府網站、公眾媒體上公開刊登。近年來，全國人民代表大會常務委員會和國務院分別將《物權法》《勞動合同法》《就業促進法》《物業管理條例》等多部法律草案和行

政法規草案向社會公佈，廣泛徵求各方面意見；全國人民代表大會常務委員會還就修改《文物保護法》《個人所得稅法》等召開論證會和聽證會。這些做法得到人民群眾的高度評價，增加了立法的透明度。

　　對於不同層級的法律，中國賦予了不同的效力，以保證國家法制統一和法律規範之間的協調運行。在中國，憲法具有最高的法律效力，一切法律、行政法規、地方性法規、自治條例和單行條例、規章都不得與憲法相牴觸；法律的效力高於行政法規、地方性法規、規章；行政法規的效力高於地方性法規、規章；地方性法規的效力高於本級和下級地方政府規章。法律規定了法規和規章的備案審查制度：行政法規報全國人民代表大會常務委員會備案；地方性法規報全國人民代表大會常務委員會和國務院備

▲ 《山東省村務公開條例（草案）》立法聽證會，來自全省各地的十八位陳述人中有七位農民。

▲ 遼寧省人大召開《遼寧省城市房屋拆遷管理條例（草案）》座談會，聽取百姓意見。

案；部門規章和地方政府規章報國務院備案。全國人民代表大會有權改變或者撤銷全國人民代表大會常務委員會制訂的不適當的法律；全國人民代表大會常務委員會有權撤銷同憲法和法律相牴觸的行政法規，有權撤銷同憲法、法律和行政法規相牴觸的地方性法規等；國務院有權改變或者撤銷不適當的部門規章和地方政府規章。全國人民代表大會授權香港、澳門特別行政區依照特別行政區基本法的規定享有立法權；特別行政區的任何法律，均不得同特別行政區基本法相牴觸。

中國法律還規定了對行政法規、地方性法規、自治條例和單行條例的合憲性和合法性審查的程序：國務院、中央軍事委員會、最高人民法院、最高人民檢察院和各省、自治區、直轄市的人民代表大會常務委員會認為行政法規、地方性法規、自治條例和單行條例同憲法或者法律相牴觸的，可以向全國人民代表大會常務委員會書面提出進行審查的要求；其他國家機關和社會團體、企業事業組織以及公民也可以向全國人民代表大會常務委員會書面提出進行審查的建議。

如果說，科學、民主的立法體制是中國立法工作的制度保障，那麼，有法可依則是法治中國的前提。經過數十年的不懈努力，中國已經形成以憲法為核心的具有自身特色的社會主義法律體系。當代中國的法律體系，主要由七個法律部門和三個不同層級的法律規範構成。七個法律部門是：憲法及憲法相關法，民法商法，行政法，經濟法，社會法，刑法，訴訟與非訴訟程序法。三個不同層級的法律規範是：法律，行政法規，地方性法規、自治條例和單行條例。截至二〇一二年底，中國已制訂現行憲法和有傚法律 243 部、行政法規 721 部、地方性法規 9200 部，涵蓋社會關係各個方面的法律部門已經齊全，各個法律部門中基本的、主要的法律已經制

訂，相應的行政法規和地方性法規比較完備，法律體系內部總體做到科學和諧統一。

中國的法律體系，既與人類政治文明發展的普遍性原則相一致，又與中國社會主義初級階段的基本國情相適應，與社會主義的根本任務相協調，具有鮮明的中國特色。這一法律體系的本質是以人為本，反映人民的共同意志，保障人民的根本利益。這一法律體系與國家經濟發展和社會進步相適應，為國家的科學發展、和諧發展、和平發展提供法律保障。

中國特色社會主義法律體系是開放的和發展的。中國正處在社會轉型期，法律體系具有階段性和前瞻性特點。中國將一如既往地根據經濟社會發展需要，繼續制訂新的法律和修改原有的法律，使法律體系不斷健全和完善。

人權的法制保障

消滅貧窮落後，讓每個人享有充分的人權，建設富強民主文明和諧的國家，是中國共產黨和中國政府不懈的奮鬥目標。中國是世界上最大的發展中國家，中國發展人權事業的基本立場是：堅持生存權、發展權的首要地位，把發展作為第一要務，同時不斷發展公民的政治、經濟、社會、文化權利，努力實現人的全面發展。

多年來，中國以憲法為根本依據，先後制定和完善了一系列保障人權的法律制度，從而推動了中國人權保障事業走向法律化、制度化。

用法律保障生命權。中國《憲法》《刑法》《民法通則》等法律對保障公民生命權作了基本規定。《安全生產法》《職業病防治法》等法律法規，對保護勞動者的生命安全和身體健康作了規定。根據本國情況，中國在法律上保留了死刑，但堅持「少殺、慎殺」的政策，嚴格控制和慎重適用死刑，確保死刑僅適用於極少數罪行極其嚴重的犯罪分子。犯罪的時候不滿十八周歲的人和審判的時候懷孕的婦女，不適用死刑。中國《刑法》還規定了有利於嚴格控制死刑適用的死刑緩期二年執行的制度，以減少實際執行死刑的人數。

用法律保障人身自由、人格尊嚴。中國《憲法》規定，公民的人身自由不受侵犯。任何公民，非經人民檢察院批准或者人民法院決定，並由公安機關執行，不受逮捕。禁止非法拘禁和以其他方法非法剝奪或者限制公民的人身自由。公民的住宅不受侵犯，禁止非法搜查或者非法侵入公民的住宅。公民的通信自由和通信祕密受法律保護，禁止非法檢查公民的通

▲ 《城市生活無著的流浪乞討人員救助管理辦法》於二〇〇三年八月一日起施行。圖為被
救助的流浪乞討人員在救助站用餐。

信。《刑事訴訟法》明確禁止刑訊逼供，對於拘留、逮捕、搜查取證等涉
及人身自由和安全的強制方法和手段，規定了嚴格的法律程序。《刑法》
對於司法人員的刑訊逼供罪也專門作了規定。《立法法》和《行政處罰法》
還規定，行政法規和地方性法規均不得設定限制人身自由的處罰；限制人
身自由的強制措施和處罰，只能由法律設定。國務院於二〇〇三年頒佈
《城市生活無著的流浪乞討人員救助管理辦法》，同時廢止了《城市流浪
乞討人員收容遣送辦法》。《憲法》規定公民的人格尊嚴不受侵犯，禁止
用任何方法對公民進行侮辱、誹謗和誣告陷害。《民法通則》規定了公民
的姓名權、名譽權、肖像權等各種人格權。

　　用法律保障平等權。中國憲法確立了公民在法律面前一律平等的原

▲ 婦女權益法律諮詢活動，幫助更多女性用法律保護自己的合法權益。

則。任何公民都平等地享有憲法和法律規定的權利，同時平等地履行憲法和法律規定的義務；在適用法律時，對於任何人的保護或者懲罰，都是平等的，不因人而異；任何組織或者個人都不得有超越憲法和法律的特權，一切違反憲法和法律的行為都必須予以追究。《憲法》和《民族區域自治法》規定，各民族一律平等，國家保障各少數民族的合法權利和利益，禁止對任何民族的歧視和壓迫。各民族都有使用和發展自己的語言文字的自由，都有保持或者改革自己的風俗習慣的自由。《憲法》和《婦女權益保障法》等法律規定，婦女在政治的、經濟的、文化的、社會的和家庭的生活等方面享有同男子平等的權利。

用法律保障政治權利。中國憲法規定，國家的一切權力屬於人民。

《立法法》規定，只有法律才能設定對公民政治權利的剝奪。選舉權是公民重要的政治權利。憲法和法律規定，年滿十八周歲的中國公民，除依法被剝奪政治權利外，不分民族、種族、性別、職業、家庭出身、宗教信仰、教育程度、財產狀況、居住期限，都有選舉權和被選舉權。根據《選舉法》和《地方各級人民代表大會和地方各級人民政府組織法》的規定，選民或者代表十人以上聯名，可以推薦代表候選人，並與政黨、社會團體推薦的代表候選人具有同等法律地位；各級人民代表大會代表、地方各級人民代表大會常務委員會副主任和人民政府副職領導人員，一律由差額選舉產生。地方各級人民代表大會常務委員會主任、人民政府正職領導人員、法院院長和檢察院檢察長也由差額選舉產生；如果提名的候選人只有一人，也可以等額選舉。憲法和法律還保障公民言論、出版、集會、結社、遊行、示威的自由。《選舉法》《集會遊行示威法》等法律

以及有關出版、社團登記管理方面的行政法規，為公民的政治權利和自由提供了法制保障。國務院頒佈的《信訪條例》，通過強化政府信訪工作責任來依法保障公民的批評、建議、申訴、控告、檢舉權利。

用法律保障宗教信仰自由。中國憲法規定，公民有宗教信仰自由，任何國家機關、社會團體和個人不得強制公民信仰宗教或者不信仰宗教，不

▲ 中國憲法規定，公民有宗教信仰自由，正常的宗教活動和宗教信仰依法受到保護。

得歧視信仰宗教的公民和不信仰宗教的公民。國家保護正常的宗教活動。

任何人不得利用宗教進行破壞社會秩序、損害公民身體健康、妨礙國家教

育制度的活動。宗教團體和宗教事務不受外國勢力的支配。國務院頒佈的

《宗教事務條例》，依法保護宗教團體、宗教活動場所和信教公民的合法權益和正常的宗教活動。改革開放以來，中國公民的宗教信仰自由得到了充分尊重和保障。為了尊重在中國境內的外國人的宗教信仰自由，依法保護和管理境內外國人的宗教活動，依法保護境內外國人在宗教方面同中國宗教界進行的友好往來和文化學術交流活動，一九九四年國務院還頒佈了《境內外國人宗教活動管理規定》。

用法律保障勞動者權益。中國《勞動法》《勞動合同法》《勞動爭議調解仲裁法》《就業促進法》和《職工帶薪年休假條例》《勞動保障監察條例》等法律法規，規範和促進了就業，合理界定了用人單位和勞動者的權利和義務，維護了勞動者的合法權益。《工傷保險條例》《失業保險條

▲ 《勞動合同法》規定，建立勞動關係，應當訂立書面勞動合同。圖為農民工與用工單位簽訂勞動用工合同，保護自身權益。

例》《社會保險費徵繳暫行條例》以及《企業職工生育保險試行辦法》等法規、規章，保證了勞動者在養老、失業、患病、工傷和生育等情況下能夠享有必要的物質幫助。《殘疾人就業條例》《女職工勞動保護規定》《禁止使用童工規定》等法規和規章，對不同類型弱勢群體的身心健康和合法權益給予特別保護。

用法律保障經濟、社會、文化和其他權利。中國憲法規定，公民的合法的私有財產不受侵犯。《物權法》規定，國家、集體、私人的物權和其他權利人的物權受法律保護，任何單位和個人不得侵犯。《老年人權益保障法》《母嬰保健法》《未成年人保護法》《殘疾人保障法》等法律，加強對特殊群體的保護。《城市居民最低生活保障條例》《農村五保供養工作

▲ 二〇一三年九月，第六屆北京人權論壇召開，本屆論壇主題為「建設可持續的人權發展環境」。

條例》等法規，規定對城市貧困人口和農村無勞動能力、無收入來源又無人贍養、撫養、扶養的農民提供基本生活保障。《軍人撫卹優待條例》和《退伍義務兵安置條例》等法規，規定了國家對退役和傷亡軍人及家屬的撫卹優待制度。公民受教育的權利受憲法和法律保護。《義務教育法》強化了國家保障義務教育實施的責任，將義務教育全面納入財政保障範圍，保障所有適齡兒童、少年平等接受義務教育的權利。《憲法》還規定，公民有進行科學研究、文學藝術創作和其他文化活動的自由。

截至目前，中國已參加數十項國際人權公約，其中包括《消除一切形式種族歧視國際公約》《消除對婦女一切形式歧視公約》《禁止酷刑和其他殘忍、不人道或有辱人格的待遇或處罰公約》《兒童權利公約》《經濟、社會及文化權利國際公約》等核心國際人權公約。中國政府認真履行所承擔的相關義務，積極提交履約報告，充分發揮國際人權公約在促進和保護本國人權方面的積極作用。

改革司法體制與保證司法公正

　　維護司法公正和社會正義，是現代法治國家的普遍要求，也是中國實施依法治國的重要目標。多年來，中國致力於推動司法體制改革，建立完善審判制度、法律監督制度，制訂《仲裁法》《律師法》《公證法》《勞動爭議調解仲裁法》等法律，建立起仲裁制度、律師制度、公證制度、法律援助制度和司法考試制度等制度，從而形成具有中國特色的現代司法體系，捍衛法律面前人人平等的權利。

　　按照《憲法》《人民法院組織法》的規定，人民法院是中國的審判機關，享有獨立的審判權，不受行政機關、社會團體和個人的干涉。中國審判機關包括最高人民法院、地方各級人民法院和軍事法院等專門人民法

▲ 法院開庭公開審理案件

院。地方各級人民法院分為基層人民法院、中級人民法院、高級人民法院。最高人民法院是最高審判機關，監督地方各級人民法院和專門人民法院的審判工作，上級人民法院監督下級人民法院的審判工作。當前，中國已經形成比較完善的民事、行政和刑事三大審判體系。具體而言，主要包括以下幾個制度：

公開審判制度。人民法院審判案件實行依法公開、及時公開的原則。離婚案件和涉及商業祕密的民事訴訟案件，當事人申請不公開審理的，可以不公開審理。其他的案件，除涉及國家祕密、個人隱私和未成年人犯罪外，人民法院審理案件一律公開進行。對公開開庭審理的案件預先公告，允許公民和新聞媒體記者旁聽審理過程。人民法院還主動邀請人大代表和政協委員旁聽案件的審理，在審理過程中公開舉證、質證，公開審判，在法定時限內快速完整地公開與保護當事人權利有關的立案、審判、執行工作各重要環節的有效信息。

合議制度。人民法院審判第一審案件，除簡單的民事案件、輕微的刑事案件和法律另有規定的案件可以適用簡易程序由審判員一人獨任審判外，由審判員組成合議庭或者由審判員和人民陪審員組成合議庭進行；審判上訴和抗訴案件，由審判員組成合議庭進行。合議庭的成員人數，必須是單數。

人民陪審員制度。為保障公民依法參加審判活動，促進司法公正，除適用簡易程序審理的案件和法律另有規定的案件外，人民法院審理社會影響較大的民事、行政和刑事訴訟案件，以及刑事案件被告人、民事案件原告或者被告、行政案件原告申請由人民陪審員參加的一審案件，由人民陪審員和法官組成合議庭進行。人民陪審員依法參加合議庭審判案件，除不

▲ 為方便群眾訴訟，法院巡迴法庭走進鄉村開庭審案。

得擔任審判長外，與合議庭其他成員享有同等的權利，承擔同等的義務，並共同對事實認定、法律適用獨立行使表決權。

辯護制度。為了保障犯罪嫌疑人、被告人的人權，確保刑事訴訟程序正義，刑事案件的犯罪嫌疑人、被告人依法享有辯護權，人民法院有義務保證被告人獲得辯護。犯罪嫌疑人、被告人除自己行使辯護權外，還可以委託一至二人作為辯護人。辯護人依據事實和法律提出犯罪嫌疑人、被告人無罪、罪輕或者減輕、免除其刑事責任的材料和意見，維護犯罪嫌疑人、被告人的合法權益。

訴訟代理制度。在民事、行政訴訟活動中，無訴訟行為能力人尤其監護人作為法定代理人代為訴訟，法定代理人之間相互推諉代理責任的，由

▲ 人民陪審員參加庭審

人民法院指定其中一人代為訴訟。當事人、法定代理人可以委託一至二人
作為訴訟代理人。在刑事訴訟活動中，公訴案件的被害人及其法定代理人
或者近親屬、自訴案件的自訴人及其法定代理人、附帶民事訴訟的當事人
及其法定代理人均有權委託訴訟代理人。律師、當事人的近親屬、有關的
社會團體或者所在單位推薦的人，經人民法院許可的其他公民，都可以被
委託為訴訟代理人。訴訟代理人以當事人的名義參加訴訟活動，實現和維
護當事人的合法權益。

迴避制度。案件當事人如果認為審判人員與本案有利害關係或者與本
案當事人有其他關係，可能影響對案件公正審理的，有權申請審判人員迴
避。審判人員如果是案件當事人、訴訟代理人的近親屬，或者認為自己與

案件有利害關係或者其他關係的，必須迴避。

司法調解制度。人民法院審理民事案件，依照「能調則調，當判則判，調判結合，案結事了」的原則，根據自願、合法、民主的要求，在審判人員的主持下，採取調解的方式，促使雙方當事人達成和解，解決民事權益的爭議。比如在二〇一一年，全國一審民事案件調解與撤訴結案率為67.3%。

司法救助制度。對於經濟確有困難的當事人，為維護自己合法權益而向人民法院提起民事、行政訴訟的，人民法院實行緩交、減交、免交訴訟費用的救助制度。最高人民法院制訂的《關於對經濟確有困難的當事人提供司法救助的規定》，依法保障弱勢群體的訴訟權利。

兩審終審的審級制度。地方各級人民法院第一審案件的判決或者裁定，在法定期限內，當事人可以依法向上一級人民法院上訴；當事人不上訴的，法定期滿即發生法律效力。對上訴、抗訴的案件的判決和裁定，上一級人民法院作出的判決和裁定，除死刑案件需要最高人民法院覆核外，都是終審判決和裁定。最高人民法院審判的第一審案件的判決和裁定，是終審判決和裁定。

死刑覆核制度。死刑覆核制度是獨立於兩審終審的審級制度以外的、對判處死刑的案件進行複查核准的重要制度。死刑除了依法由最高人民法院判決的以外，都應當報請最高人民法院核准。最高人民法院制訂了《關於覆核死刑案件若干問題的決定》，嚴格掌握和統一死刑適用的標準、統一死刑案件的證據標準，嚴格規範死刑覆核程序，確保死刑案件的慎重與公正。從二〇〇六年下半年起，所有死刑二審案件全部開庭審理。

除建立完善的審判制度外，中國還建立起嚴格的監督檢察機制。執行

▲ 檢察院聘請市民擔任人民監督員，對其受理偵查案件實行外部監督。

法律監督權的是中國人民檢察院。人民檢察院依照《憲法》和《人民檢察院組織法》等規定，享有獨立的檢察權，不受行政機關、社會團體和個人的干涉。中國檢察機關包括最高人民檢察院、地方各級人民檢察院和軍事檢察院等專門人民檢察院。最高人民檢察院是最高檢察機關，領導地方各級人民檢察院和專門人民檢察院的工作，上級人民檢察院領導下級人民檢察院的工作。

人民檢察院的職責是維護司法公正和法律的正確實施。法律規定，人民檢察院對叛國案、分裂國家案以及嚴重破壞國家的政策、法律、政令統一實施的重大犯罪案件，行使檢察權；對國家工作人員利用職務貪污受賄、瀆職侵權等直接受理的刑事案件，進行偵查；對公安機關提請批准逮捕的案件，依法決定是否批准逮捕；對公安機關移送起訴的案件，進行審

查後，依法作出起訴或者不起訴的決定；對刑事案件提起公訴或支持公訴等。法律還規定，檢察機關對人民法院的審判活動、公安機關和國家安全機關的偵查活動、監獄的執法活動的合法性進行監督。各級人民檢察院設立檢察委員會，在檢察長的主持下，討論決定重大案件和其他重大問題。

在建立嚴格的審判制度和檢察監督制度的同時，近些年來，中國開始對司法體制進行深度改革。如，建立健全人民調解、行政調解、司法調解的多元化矛盾調解機制。截至二〇一一年的五年間，中國各類調解組織共調解民間糾紛三千四百多萬件，調解成功率達到百分之九十六，使絕大多數矛盾糾紛得到及時化解。

再如，提供司法救助和法律援助，有效緩解訴訟難、執行難問題。中國新頒佈的《訴訟費用交納辦法》，平均降低訴訟費用百分之六十。新實

▲ 調解人員在村民家庭院現場調解鄰里糾紛。

施的《律師服務收費管理辦法》，嚴格收費程序，嚴懲違法違規收費行為。近年來，國家對法律援助經費的投入逐年加大，中央財政和部分省級財政對貧困地區法律援助的轉移支付制度已經建立。二〇一二年，全國辦理法律援助案件首次突破一百萬件，受援人總數達 114 萬餘人，全國法律援助機構辦理案件數量和受援人總數均大幅上漲 21％。此外，中國在強化司法權的監督制約、完善刑事司法制度等方面也做了大量的改革工作，積極解決影響司法公正的各種問題，尊重和保障當事人的人權。

中國的司法制度改革取得了很大進展，這是毫無疑問的，但是還有很多地方需要加以完善。二〇一三年十一月，中共十八屆三中全會提出了全面深化改革的任務，其中，關於司法管理體制改革的任務有：第一，改革司法管理體制，推動省以下地方法院、檢察院人財物統一管理，探索建立

▲ 法律援助中心向市民提供法律援助、法律諮詢等法律服務。

與行政區劃適當分離的司法管轄制度，保證國家法律統一正確實施。第二，建立符合職業特點的司法人員管理制度，健全法官、檢察官、人民警察統一招錄、有序交流、逐級遴選機制，完善司法人員分類管理制度，健全法官、檢察官、人民警察職業保障制度。第三，健全司法權力運行機制。優化司法職權配置，健全司法權力分工負責、互相配合、互相制約機制，加強和規範對司法活動的法律監督和社會監督。第四，改革審判委員會制度，完善主審法官、合議庭辦案責任制，讓審理者裁判，由裁判者負責。明確各級法院職能定位，規範上下級法院審級監督關係。第五，推進審判公開、檢務公開，錄制並保留全程庭審資料。增強法律文書說理性，推動公開法院生效裁判文書。第六，嚴格規範減刑、假釋、保外就醫程序，強化監督制度。第七，廣泛實行人民陪審員、人民監督員制度，拓寬人民群眾有序參與司法渠道。 第八，完善人權司法保障制度。進一步規範查封、扣押、凍結、處理涉案財物的司法程序。健全錯案防止、糾正、責任追究機制，嚴禁刑訊逼供、體罰虐待，嚴格實行非法證據排除規則。逐步減少適用死刑罪名。第九，廢止勞動教養制度，完善對違法犯罪行為的懲治和矯正法律，健全社區矯正制度。這九個方面的任務，實際上就是中國下一步司法改革的總體方向。這些措施的實施，必將對中國司法體制產生重要影響。

總體上來說，經過新中國六十多年尤其是改革開放三十多年來的努力，中國正在建立起公正高效權威的社會主義司法制度，中國的司法機關的司法行為日益規範，審判機關、檢察機關依法獨立公正地行使審判權、檢察權有了充分保證。這標誌著中國司法已經走向民主和公開。

▌維護憲法權威與弘揚法治精神

　　憲法法律權威和公民法制意識，是衡量一個國家文明程度的重要標準。多年來，中國堅持不懈地開展法制宣傳教育，弘揚法治精神，加強公民法制意識教育，推動公民樹立法治觀念，維護憲法法律權威，努力使全

▲ 十二月四日，全國法制宣傳日，各地開展多種形式的普法宣傳活動。

社會形成學法、守法、用法的良好風尚。

為什麼要維護憲法法律權威？《中華人民共和國憲法》是國家的根本法，具有最高權威。中國現行憲法是在一九五四年憲法的基礎上，經過全民討論，於一九八二年由第五屆全國人民代表大會第五次會議通過的。在中國，各族人民、一切國家機關和武裝力量、各政黨和各社會團體、各企業事業組織，都必須以憲法為根本的活動準則，併負有維護憲法尊嚴、保證憲法實施的職責。一九八二年憲法通過後，為適應中國社會發生的變革，全國人民代表大會又先後四次對憲法的部分內容和條款作了修改。一九八八年憲法修正案規定，國家允許私營經濟在法律規定的範圍內存在和發展；土地的使用權可以依照法律的規定轉讓。一九九三年憲法修正案規定，國家實行社會主義市場經濟；中國共產黨領導的多黨合作和政治協商制度將長期存在和發展。一九九九年憲法修正案規定，國家實行依法治國，建設社會主義法治國家；國家在社會主義初級階段，堅持公有制為主體、多種所有制經濟共同發展的基本經濟制度，堅持按勞分配為主體、多種分配方式並存的分配制度。二〇〇四年憲法修正案規定，國家鼓勵、支持和引導非公有制經濟的發展，並對非公有制經濟依法實行監督和管理；公民的合法的私有財產不受侵犯，國家依照法律規定保護公民的私有財產權和繼承權；國家尊重和保障人權等。

實行依法治國，建設法治中國，首先任務就是全面貫徹實施憲法，維護憲法法律權威。為此，中國共產黨和中國政府反覆強調並努力做到：第一，健全憲法實施監督機制和程序，把全面貫徹實施憲法提高到一個新水平；第二，建立健全全社會忠於、遵守、維護、運用憲法法律的制度；第三，堅持法律面前人人平等，任何組織或者個人都不得有超越憲法法律的

特權，一切違反憲法法律的行為都必須予以追究。

為維護憲法法律權威，強化人民的法治意識，多年來，中國一直努力在公民中普及法律知識，弘揚法治精神。從一九八五年起，全國人民代表大會常務委員會先後通過了六個在全體公民中普及法律知識的決定，並已連續實施了五個五年的普法規劃。「一五」普法期間（1986-1990 年），有七億多公民學習了相關的初級法律知識；「二五」普法期間（1991-1995

▲ 最高人民法院舉辦公眾開放日活動，邀請中小學生前往參觀，並通過漫畫書的形式向未成年人進行普法教育。

年），有九十六個行業制訂了普法規劃，組織學習專業法律法規二百多部；「三五」普法期間（1996-2000年），三十個省、自治區、直轄市結合普法活動開展了依法治理工作，百分之九十五的地級市、百分之八十七的縣（區、市）、百分之七十五的基層單位開展依法治理工作；「四五」普法期間（2001-2005年），有八點五億公民接受了各種形式的法治教育；「五五」普法期間（2006-2010年），中國縣級以上普法機構和相關部門共組織開展普法活動八萬多次，各地機關、學校、社區、企業、鄉村、單位等開展法制文藝等多種形式宣傳五十多萬場次。目前，「六五」普法工作正在蓬勃開展。

當今中國，普及法律知識已經成為全社會共同參與的行動。中國共產黨第十六次全國代表大會召開以來，中共中央政治局先後組織了幾十次有關法治的集體學習，對推動全社會特別是國家公務人員學習法律知識、樹立法治觀念，起到良好示範作用。全國人民代表大會常務委員會、國務院常務會議、全國政協常務委員會組成人員開展了一系列法治學習活動，各級黨組織和國家機關集體學習法律知識已形成制度。國家組織開展各種形式的法治宣傳教育活動。每年的十二月四日即現行憲法頒佈日被確定為中國的法制宣傳日。三月十五日國際消費者權益保護日、六月五日世界環境日、六月二十六日國際禁毒日，以及重要法律頒佈實施紀念日等，都把法治作為宣傳教育的重要內容。各級各類學校把法治教育納入必修課程，廣播、電視、報刊、網絡等新聞媒體加強了法治宣傳，目前已有三百多家省級、市級電視臺開設了法治欄目，一些地方還開辦了法治宣傳教育網站。

中國政府一向高度重視發展法學教育，為建設法治國家培養了大量人才。中華人民共和國成立初期，由中央人民政府統一規劃，在全國各地建

立了北京政法學院、華東政法學院、中南政法學院、西南政法學院、西北政法學院，在中國人民大學、東北人民大學、北京大學、復旦大學等綜合性大學設立了法律系，使中國的法學教育初具規模。改革開放以來，中國的法學教育進入了一個快速發展時期。截至二〇一〇年底，設立法學本科專業的高等院校已達六百三十多所，在校的法學專業本科生接近三十萬人。目前，有法學碩士學位授予權的高等院校和科研機構達三百三十三

▲ 某高校政法系學生進入社區舉辦「模擬法庭」，向社區居民普及法律知識。

所，有法學博士學位授予權的高等院校和科研機構二十九個，有十三個法學教育機構設有法學博士後科研流動站。經過近三十年的恢復、重建、改革和發展，一個以法學學士、碩士、博士教育為主體，法學專業教育與法律職業教育相結合的法學教育體系已經形成，基本適應了建設社會主義現代化國家的需要。

現如今，中國人民正在全面落實依法治國基本方略，加快建設社會主義法治國家。這是一場由中國共產黨領導的、十三億多中國人民共同參與的、史無前例的偉大社會實踐。有著悠久歷史和燦爛文明的中華民族，正在民主與法治的道路上闊步前進，努力開創人類政治文明發展的新境界。

第五章

公民廣泛政治參與

　　毫無疑問，選擇什麼樣的民主制度，或者什麼樣的民主參與形式，完全取決於一個國家的歷史和文化傳統以及政治、經濟制度等。正如中國確立了公有制的主體地位之後，必須努力探索公有制的多樣化實現形式一樣，在確立了社會主義民主制度之後，也必須努力尋求人民當家作主的具體實現形式。新中國成立後，尤其是改革開放三十多年來，隨著中國經濟、社會、文化的不斷發展，中國公民參與政治和表達利益訴求的形式日益多樣化，比如民主選舉、政治協商、社會協商對話、城鄉基層民主、網絡問政和網絡監督，等等。這些多樣化途徑和形式，為中國公民行使民主權利提供了廣闊的渠道。

多層次選舉制度

選舉制度是現代民主政治的支柱，選舉權是公民政治權利的基礎。當今世界，選舉主要有兩種形式，一種是間接選舉，實行代議制民主；另一種是直接選舉。選舉在中國不同的政治層面上得到廣泛的運用，如各級人民代表大會代表選舉，中國共產黨黨內選舉，中國城鄉基層選舉，高等院校的學生會組織選舉，等等。其中，各級人民代表大會代表選舉，是中國最重要也是影響最大的選舉制度，本書開篇「中國特色社會主義民主政治制度」一章已詳細介紹了中國的人民代表大會代表選舉制度。

▲ 人大代表候選人與選民見面

▲ 選民參加投票選舉。

　　人民代表大會代表選舉制度，實質就是人民用選票選出自己的代表，並通過自己的代表來間接參與和管理國家事務。中國現行這種選舉制度，是一九四九年新中國成立後才確立起來的。一九五三年二月，中國政府頒佈了第一部選舉法。這部選舉法頒佈後，中國開展了中華民族有史以來的第一次普選活動。

　　一九七八年底後，中國邁入了改革開放新時代。為了更好地保障人民的民主權利，維護公民的選舉權利，中國對選舉法進行多次修改。一九七九年七月，全國人民代表大會制訂了新的選舉法。新選舉法與一九五三年舊法相比，發生了很大的變化。例如：將直接選舉的範圍擴大到縣級；規定一律實行差額選舉；將原規定的無記名投票和舉手表決並用，改為一律

▲ 祕密寫票處

無記名投票；將原規定的按選民居住情況劃分選區，改為可按生產單位、事業單位、工作單位和居住狀況劃分選區；將原規定的只有不屬於黨派、團體的選民或代表才能聯合或單獨提出代表候選人名單，改為任何選民或代表只要一人提出，三人以上附議，都可推薦代表候選人；規定如果代表候選人名額過多，難以確定正式候選人時，可以進行預選；將原規定的候選人以獲得出席選民或代表的過半數票始得當選，改為須獲得全體選民或全體代表的過半數票始得當選；規定每個少數民族至少要有一名全國人大代表；規定可以採用各種形式宣傳代表候選人。新的選舉法的頒佈，進一步完善了中國的選舉制度，推動了中國選舉民主的發展。

一九七九年選舉法頒佈後，至今先後經過五次五十六處重大修改。其

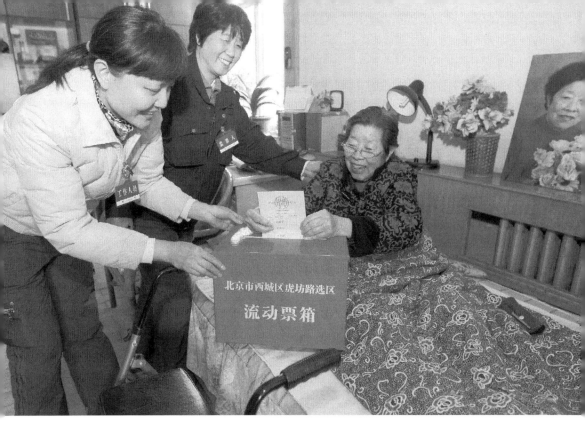

▲ 流動票箱

中，近十年來就有兩次，即二〇〇四年選舉法修正案和二〇一〇年選舉法修正案。

　　二〇〇四年選舉法修正案修改的地方主要有三處：一是在基層人大代表選舉的相關條款中，恢復了直接選舉中的預選，規定，「如果所提候選人的人數超過本法第三十條規定的最高差額比例，由選舉委員會交各該選區的選民小組討論、協商，根據較多數選民的意見，確定正式代表候選人名單；對正式代表候選人不能形成較為一致意見的，進行預選，根據預選時得票多少的順序，確定正式代表候選人名單」。二是在候選人介紹環節，增加規定「選舉委員會可以組織代表候選人與選民見面，回答選民的問題」。此前的多次修改，只規定選舉委員會或者人民代表大會主席團

「應當向選民或者代表介紹代表候選人的情況」，推薦者「可以在選民小組或者代表小組會議上介紹所推薦的代表候選人的情況」。本次修改越過了過去的公式化介紹形式，使候選人與選民見面、交流成為可能，使選舉向著民主、競爭的方向實質性前進了一步。三是在罷免程序上，規定破壞選舉的行政違法和刑事犯罪行為的種類。

相對於二〇〇四年選舉法修正案，二〇一〇年選舉法修正案修改的力度更大。這次修改的要點包括：（1）城鄉選舉「同票同權」。新修改的選舉法規定：「全國人民代表大會代表名額，由全國人民代表大會常務委員會根據各省、自治區、直轄市的人口數，按照每一代表所代表的城鄉人口數相同的原則以及保證各地區、各民族、各方面都有適當數量代表的要求進行分配。」（2）選民可以要求與候選人見面。選舉法規定：「選舉委員會根據選民的要求，應當組織代表候選人與選民見面，由代表候選人介紹本人的情況，回答選民的問題。」（3）保證基層代表數量。選舉法規定：「全國人民代表大會和地方各級人民代表大會的代表應當具有廣泛的代表性，應當有適當數量的基層代表，特別是工人、農民和知識分子代表……」（4）完善投票選舉程序。選舉法規定：「選舉時應當設有祕密寫票處。」「選舉委員會應當根據各選區選民分布狀況，按照方便選民投票的原則設立投票站，進行選舉。選民居住比較集中的，可以召開選舉大會，進行選舉；因患有疾病等原因行動不便或者居住分散並且交通不便的選民，可以在流動票箱投票。」「經選舉委員會同意，可以書面委託其他選民代為投票。每一選民接受的委託不得超過三人，並應當按照委託人的意願代為投票。」（5）代表候選人近親屬不得擔任監票人。選舉法規定：「代表候選人的近親屬不得擔任監票人、計票人。」這次選舉法修正，成

▲ 參加十一屆全國人大一次會議的三位農民工代表。他們是歷屆全國人大代表選舉中第一次選出的農民工代表。

為中國選舉制度向前邁進、不斷完善的見證，標誌著中國選舉民主又向前邁出了歷史性的一步。

現如今，隨著中國政治、經濟、社會的發展進步，人民代表大會選舉發生了巨大變化。享有選舉權的主體從有限發展到普遍，選舉權的平等性從著眼於實質平等逐漸向統一實質與形式平等方向發展，從記名投票發展到無記名投票，直接選舉範圍從基層擴大到縣級，從等額選舉發展到差額選舉，等等。所有這些變化，記錄了中國選舉民主的進步。

政治協商與社會協商對話

在當代中國，協商民主主要有兩種形式，一是政治協商，二是社會協商對話。與選舉民主相比，協商民主不是通過不同利益群體間的競爭達成政治的妥協而形成利益格局和政治秩序，而是直接通過以非對抗性政治協商建構利益格局和政治秩序。承認和照顧協商各方的利益是協商民主的前提與基礎。中國不主張對抗性民主或街頭民主，更傾向於協商民主。

中國人民政治協商會議是中國協商民主的主要形式之一。本書前面「中國特色社會主義民主政治制度」一章已詳細介紹了中國共產黨領導的多黨合作和政治協商制度。可以說，政治協商在中國幾乎無處不在。從國家方針、政策、法律法規的制訂執行，到國家大政方針、政治生活中的重大事項、經濟和社會發展中的重要問題的決定，到人民群眾普遍關心的問題，中國共產黨都會在決策前和決策執行過程中與人民政協、各民主黨派、無黨派人士、各人民團體以及各族各界代表人士進行協商，這有利於黨和國家的決策充分反映人民的意志和各方面的利益要求，在各種重大問題的決策上更加民主和科學，並賦予決策以合法性。同時，這種經常、普遍而廣泛的公開討論、協商等方式本身正是實現民主監督的重要載體，它強化著對國家權力運作過程的民主監督。

在中國，除了政治協商之外，還有形式多樣的社會協商對話。它指的是領導和群眾之間、群眾與群眾、管理層與職員之間，通過對話來溝通情況，交換意見，平等協商，來處理和協調各種不同的社會利益和矛盾。建立社會協商對話制度，是中國政治體制改革的重要措施之一。在現實生活

中，協商民主的具體形式很多，如公共政策聽證會、徵求意見會、勞資雙方協商對話及人民會商等。近年來，中國政府轉變理念，積極通過協商對話的方式解決與群眾切身利益相關的問題。發生在廈門的「PX 項目事件」，就是其中著名的一個案例。

　　事件的原委是這樣的，中國政府投資一百零八億元建設廈門 PX（20）

▲ 浙江省政協召開「健全食品安全長效管理機制」民主監督聽證會。

項目，前期工作進展很順利，並計劃二○○七年夏天開工。就在開工前夕，二○○七年三月初，一○五名政協全國委員向政府提交了一項提案，建議暫緩 PX 項目建設，重新選址勘查論證。此提案一經媒體披露，立刻引來廈門人的關注。網絡上關於 PX 的帖子總會成為熱門話題。有人用手機短信號召市民們去市政府門前「散步」，公開表達對 PX 項目的不滿。對此，廈門政府很快作出了反應。這年五月二十八日，廈門市環保局局長用答記者問的形式在《廈門日報》上解答了關於 PX 項目的環保問題。五月二十九日，負責 PX 項目的公司總經理同樣以答記者問的形式在《廈門晚報》發表長文，解釋了 PX 工廠的一些科學問題。五月三十日，廈門市常務副市長召開了簡短的新聞發佈會，正式宣佈緩建 PX 項目。但是，政府的一系列舉動並沒有說服老百姓。六月一日，「散步」在警察監視下如期舉行，雙方都沒發生過激行為。

在這種情況下，廈門市政府很快改變做法。六月五日，廈門市科協印刷了數萬份宣傳冊，隨《廈門日報》散發給市民。這份名為《PX 知多少》的小冊子圖文並茂，用通俗的語言解釋了 PX 到底是怎麼回事，告知公眾，從理論上講，PX 項目基本可以做到不排放「三苯」（苯、甲苯、二甲苯）污染物，對環境影響不大。但民眾的反對意見仍很大。二○○七年十二月十一日，廈門市通過民眾報名、電視台現場直播搖號產生了一百多名民眾代表，參與在十二月十三日、十四日舉行的「廈門環評座談會」。在這次由市政府、二十一名專家及百餘名民眾代表三方參加的會議上，有近百分之九十的市民代表發表了反對在廈門投產 PX 項目的意見。

最後，廈門市政府綜合各方意見，決定將該 PX 項目遷往漳州古雷半島，並且廈門政府已同投資方初步達成遷建意向。如果遷建獲國家發改委

批准，廈門市將賠償投資方。此消息經媒體披露後，引起舉國關注，被讚譽為民意的勝利，同時亦是政府的勝利。因為民眾通過抗爭，自己的利益最終得到維護，而政府對於民意的尊重體現了執政為民的理念和現代化社會公共治理水平的提升。可以說，廈門 PX 項目事件處理方式，是中國特色社會協商民主形式的一種嘗試和創新。類似這樣的社會協商方式，對於緩解基層社會矛盾、促進社會和諧與穩定，具有重要的作用。

城鄉基層民主自治的實踐與發展

　　城鄉基層民主自治，是當代中國最直接、最廣泛的民主實現形式。現如今，在中國已建立起以農村村民委員會、城市居民委員會和企業職工代表大會為主要內容的基層民主自治體系。中國數以億計的基層群眾就是通過這些群眾性自治組織，依法直接行使民主選舉、民主決策、民主管理和民主監督的權利，對所在基層組織的公共事務和公益事業發表自己的看法，履行自己的民主權利和義務。

村民委員會與農村基層群眾自治

　　中國基層民主的第一種形式是農村村民自治。隨著中國城鄉發展一體化進程的推進，目前，農民占中國總人口的比例已下降至百分之四十六，但中國十三億多人口中仍有六億多在農村。如何擴大和發展農村基層民主，使農民在所在村莊真正當家作主，充分行使自己的民主權利，是中國民主政治建設的重大問題。經過多年的探索和實踐，中國共產黨領導億萬農民找到了一條適合中國國情的推進農村基層民主政治建設的途徑，這就是實行村民自治。

　　什麼是村民自治？在中國，村民自治是指農村村民直接行使民主權利，依法辦理自己的事情，實行自我管理、自我教育、自我服務的一項基本制度。它始於二十世紀八〇年代初期，發展於八〇年代，普遍推行於九〇年代，現已成為在當今中國農村擴大基層民主和提高農村治理水平的一種有效方式。

一九八二年通過的《中華人民共和國憲法》中明確規定：「城市和農村按居民居住地區設立的居民委員會或者村民委員會是基層群眾性自治組織。」一九八七年一月，第六屆全國人大常委會第二十三次會議通過了《中華人民共和國村民委員會組織法（試行）》，自一九八八年六月一日起試行。該法試行期間，全國大部分農村地區都普遍實行了村民自治，並取得了令人矚目的成就。一九九八年十一月四日，第九屆全國人大常委會第

▲ 村委會直選。截至二○一二年底，全國農村百分之九十八以上的村委會都已實行直接選舉。

五次會議通過了正式實施的《村民委員會組織法》，為村民自治的發展壯大提供了重要的法律依據。在該法實施過程中，廣大農民因地制宜，充分發揮創造性，創造了很多行之有效的新經驗和新做法，使該法得到了有效的貫徹落實。二〇一〇年十月二十八日，第十一屆全國人大常委會第十七次會議總結村民自治的實踐經驗，通過了《中華人民共和國村民委員會組織法（修訂草案）》。這部新修訂的法律更進一步完善了村民自治制度。

▲ 村務公開欄

目前，中國各省、區、市都已經制訂或修訂了村民委員會組織法實施辦法或村委會選舉辦法，使村民自治有了更加具體的法律法規保障。

按照法律規定，中國農村村民自治主要體現在四個方面，即民主選舉、民主決策、民主管理和民主監督：（1）民主選舉。按照《憲法》《村民委員會組織法》等法律法規，由村民直接選舉或罷免村民委員會成員。村民委員會由主任、副主任和委員三至七人組成，每屆任期三年。在選舉過程中，村民委員會成員候選人由村民直接提名和參加投票選舉，當場公佈選舉結果，做到公正、公開、公平。村民的參選熱情高漲，據不完全統計，全國農村居民的平均參選率在百分之八十以上，有的地方高達百分之九十以上。截至二〇一〇年十月，中國共有村委會 59.9 萬個，大多數經歷六至七次換屆選舉。（2）民主決策。凡涉及村民利益的重要事項，都由村民會議或村民代表會議討論，按多數人的意見作出決定。鑒於中國農村千差萬別，村莊規模大小不一，在一些人數較多、居住分散的村莊，村民會議面臨難組織、難召開、難議決的實際困難，通過設立村民代表會議，較好地解決了這個問題。目前，中國百分之八十五的農村已經建立了實施民主決策的村民會議或村民代表會議制度。（3）民主管理。依據中國法律法規和有關政策，結合本地實際情況，由全體村民討論制訂或修改村民自治章程或村規民約。村民委員會和村民按照被形象地稱為「小憲法」的自治章程，實行自我管理、自我教育和自我服務。目前，中國百分之九十以上的村莊制訂了村民自治章程或村規民約，建立了民主理財、財務審計、村務管理等制度。（4）民主監督。村民通過村務公開、民主評議村幹部、村民委員會定期報告工作、對村幹部進行離任審計等制度和形式，監督村民委員會工作情況和村幹部行為。特別是村務公開，得到了中

國農村村民的普遍歡迎。

　　最近一屆的村委會選舉從二〇一一年開始，到二〇一三年結束，全國有六億農民參加直接選舉，這是世界上涉及人數最多的直接選舉。村民自治的成功實踐，是中國共產黨領導億萬農民發展中國特色社會主義民主政治的偉大創舉。擴大農村基層民主，實行村民自治，激發了廣大農民當家作主的積極性、創造性和責任感，掀開了中國農村民主政治建設的新篇章。

▲ 修訂《村規民約》村民代表大會

居民委員會與城市社區民主政治建設

中國基層民主的第二種形式是城市社區居民自治。城市居民委員會是中國城市居民實現自我管理、自我教育、自我服務的基層群眾性自治組織，是在城市基層實現直接民主的重要形式。

新中國成立後，即在中國各個城市普遍建立居民委員會，實現城市居民對居住地公共事務管理的民主自治。一九八二年，城市居民委員會制度首次寫入中國憲法。一九八九年，全國人大常委會制訂了《城市居民委員會組織法》，為城市居民委員會發展提供了法律基礎和制度保障。自二十世紀九〇年代以來，隨著全國社區建設的不斷推進，具有基層群眾自治性質和社區服務功能特徵的新型居民委員會得到發展。二〇〇二年以後，實現了城市社區的直接選舉，有力地促進了城市基層社區民主建設、民主管理，同時也推動了基層人民代表大會代表選舉制度的改革。

▲ 社區居民通過自薦、直選、提名選舉等方式，選舉新一屆社區居民委員會。

居民委員會是居民自我管理、自我教育、自我服務的基層群眾性自治組織。根據居民居住狀況，按照便於居民自治的原則，居民委員會一般在一百戶至七百戶的範圍內設立。居民委員會協助不設區的市、市轄區的人民政府或者它的派出機關開展工作。不設區的市、市轄區的人民政府或者它的派出機關對居民委員會的工作給予指導、支持和幫助。

居民委員會由主任、副主任和委員共五至九人組成。居委會成員由本居住地區全體有選舉權的居民或者由每戶派代表直接選舉產生；或者根據居民意見，也可以由每個居民小組選舉代表二至三人選舉產生。居民委員會每屆任期三年，其成員可以連選連任。年滿十八周歲的本居住地區居民，不分民族、種族、性別、職業、家庭出身、宗教信仰、教育程度、財產狀況、居住期限，都有選舉權和被選舉權。

居民委員會根據需要設人民調解、治安保衛、公共衛生等委員會。居民委員會成員可以兼任下屬的委員會的成員。居民較少的居民委員會可以不設下屬的委員會，由居民委員會的成員分工負責有關工作。

居民委員會的主要任務包括宣傳憲法、法律、法規和國家的政策，維護居民的合法權益，教育居民履行依法應盡的義務，愛護公共財產，開展多種形式的社會主義精神文明建設活動；辦理本居住地區居民的公共事務和公益事業；調解民間糾紛；協助維護社會治安；協助人民政府或者它的派出機關做好與居民利益有關的公共衛生、計劃生育、優撫救濟、青少年教育等項工作；向人民政府或者它的派出機關反映居民的意見、要求和提出建議。同時，居民委員會可以興辦有關的服務事業，開展便民利民的社區服務活動；管理本居民委員會的財產，任何部門和單位不得侵犯居民委員會的財產所有權。

多民族居住地區的居民委員會，應當教育居民互相幫助，互相尊重，加強民族團結。

如同中國農村村民自治，城市社區居民自治的主要內容也是實行民主選舉、民主決策、民主管理和民主監督。在民主選舉方面，選舉的形式經歷了由候選人提名到自薦報名，由等額選舉到差額選舉，由間接選舉到直接選舉，並打破了地域和身分的限制，民主程度不斷提高。近年來，城市

▲ 居委會組織社區老人參加娛樂活動。

社區居民直選蓬勃發展。國家有關部門對二十六個試點城區的調查表明，城市社區居民對社區居民委員會直選持積極參與的態度，超過九成選民參加了投票。通過直選成立的社區居民委員會呈現出年輕化、知識化和職業化的趨勢。在民主決策方面，社區居民是民主決策的主體，通過社區居民會議、協商議事會、聽證會等有效形式和渠道，對社區內公共事務進行民主決策。在民主管理方面，居委會依法辦事，按照社區居民自治章程和規約規範工作，努力增強居民當家作主意識，實現「社區的事大家管」。在民主監督方面，實行居民委員會事務公開，凡是居民關心的熱點、難點問題和涉及全體居民切身利益的重大事務，都及時向居民公開，並通過召開居民評議會，聽取居民意見，接受居民監督。

截至二〇一〇年底，城市居民委員會已在全國八點七萬個社區中普遍建立。目前，城市社區建設正在由點到面、由大城市向中小城市、由東部地區向西部地區推進，以完善城市居民自治，建設管理有序、服務完善、環境優美、文明祥和的新型社區正在全國展開。

職工代表大會與企業民主管理制度建設

中國基層民主的第三種形式是職工代表大會。在當代中國，職工在企事業單位中享有的當家作主的民主權利，主要通過職工代表大會制度來實現。新中國成立後即在公有制企業中實行了職工代表會議制度，一九五七年後在全國普遍推行了這一制度。中國《憲法》《全民所有制工業企業法》《勞動法》《工會法》和《全民所有制工業企業職工代表大會條例》等法律法規，均對職工代表大會制度作了相應規定。依據有關法律，職工代表大會具有五項職權：對企業生產經營、發展計劃和方案有審議建議權；對

▲ 職工代表大會

工資、獎金、勞動保護、獎懲等重要規章制度有審查通過權；對有關職工生活福利等重大事項有審議決定權；對企業行政領導幹部有評議監督權；對廠長有推薦或選舉權。

在中國，職工代表大會具有廣泛的群眾基礎，代表中不僅有工人，而且有科技人員、管理人員和其他工作人員，能夠代表全體職工民主管理企業。職工代表大會閉幕後，由企業工會委員會作為職代會的工作機構，負責職工代表大會的日常工作。從一九九八年起，廠務公開在國有企業、集體企業及其控股企業開始實施，並逐步向非公有制企業拓展。至二〇一〇年九月，中國已建工會的企事業單位建立廠務公開制度的有 211.3 萬家，已建工會的企事業單位單獨建立職工代表大會制度的有 224.9 萬家，覆蓋

了大部分企事業單位。近些年來，職工代表大會在實行民主管理、協調勞動關係、保障和維護職工合法權益、推進企事業單位的改革發展等方面發揮了不可替代的作用。

　　中國工會是中國共產黨領導的職工自願結合的群眾性組織，是當代中國重要的社會政治團體。企業工會是中國工會在企業的基層組織，其基本任務中很重要的內容就是依法維護職工的民主權利，組織職工參與企業的民主管理；保障職工的生活福利，協助和督促企業辦好職工福利事業等。因此，在企業民主管理方面，基層工會和職工代表大會的職責是一致的。而且，企業工會有一套比較完整的組織結構，由工會作為職代會的工作機構，負責職代會的日常工作，既可以保證職代會大量日常工作切實開展起

▲ 工會代表職工與企業簽訂集體合同。

來，又能夠精簡機構。

　　企業工會作為職工代表大會的工作機構，其基本任務包括：組織職工選舉職工代表；提出職工代表大會議題建議；主持職工代表大會籌備工作和會議組織工作；組織專門小組進行調查研究，向職工代表大會提出建議；檢查督促大會決議的執行情況，發動職工落實職工代表大會決議；負責提高職工代表的素質；接受和處理職工代表的申訴和建議；維護職工的合法權益等。

　　存在於中國農村、城市社區、廠礦企業中的基層民主自治形式，是中國社會主義民主最廣泛的實踐，客觀上也是民主政治中成本最低、影響最深最廣的實踐形式。它們為實現人民當家作主提供了廣闊的舞台，也為廣大基層群眾直接行使民主權利提供最基本的制度保障。

▋網絡問政與網絡監督

　　網絡問政和監督，是近年來在中國興起的一種新型民主形式。它是指公眾以網絡空間為渠道，積極表達自己的政治意願，參與政治事務，監督政府及官員的行為。與傳統的民主形式不同，網絡民主具有虛擬化、低成本、去權威化、去菁英化、去意識形態化等特徵。正是因為具有傳統民主所無法比擬的優勢，網絡民主一經產生，就受到廣泛關注和參與。

　　在中國，網絡民主走進人們的視野的一個重要標誌是「孫志剛事件」。二〇〇三年，媒體報導《被收容者孫志剛之死》和《誰為一個公民的非正常死亡負責》後，各大門戶網站紛紛轉載，「孫志剛事件」受到網友們的強烈關注，成為各大網站論壇與聊天室的熱點，點擊率在當年僅次於「非典」報導。「孫志剛事件」在網絡世界產生巨大反響，引發一場對《城市流浪乞討人員收容遣送辦法》是否違憲的大討論，有關方面認真對待、積極回應，最終促成實施二十多年的《城市流浪乞討人員收容遣送辦法》的廢除和《城市生活無著的流浪乞討人員救助管理辦法》的出臺。以「孫志剛事件」為標誌，中國網民作為一個龐大的群體飛速壯大並空前活躍，對人大立法、政府公共決策產生了重大影響。特別是在近年來發生的一系列重大事件中，公眾通過互聯網直接和深入地參與到了社會生活和政治生活的各個方面，其廣度和深度在中國政治過程中是前所未有的。

　　網絡民主的發展，不僅影響人大立法和政府決策，而且為普通的公眾監督政府和公職人員尤其是各級領導幹部創造了一個全新的便捷渠道。傳統的監督機制，基本上是一種間接監督，在其過程中，時間和信息的損耗

在所難免，再加之體制缺陷以及各種非正常因素的干擾，普通的民眾對政府的監督效力十分有限。而網絡民主的興起和發展創造了一種更為直接、快捷的監督渠道，擴大了公民監督的廣度和深度，使公民能充分發揮其民主監督的主體地位。近年來，中國發生了一系列因網絡監督而走進公眾視野的案例，比如一波三折的虎照醜聞，黑磚窯官員的撤職、復職、再撤職，南航空姐被毆打事件，等等，網絡民主和網絡監督一次又一次展示出巨大的能量和威力，從最初的「發聲渠道」演變為千萬網民的「監督平臺」。這是以往任何時代都無法想像的。

社會公眾對網絡民主表現出的參與熱情，得到官方的正面回應。中國政府積極開闢網絡民主表達渠道，引導民眾對公共事務的參與。二〇〇六

▲ 二〇一三年四月，新華網、人民網、光明網等中央重點新聞網站和新浪網、搜狐網、網易網等主流商業網站同步推出了網絡舉報監督專區，鼓勵廣大網民依法如實舉報違紀違法行為。

年，人民網開通覆蓋官民互動平臺「地方領導留言板」，影響力隨著中國互聯網的飛速發展而持續保持增高態勢。截至二○一二年二月，累計有五十位省委書記省長、三百五十多位地市級一把手，以及五百五十多位縣委書記先後對人民網這一欄目的網友留言作出公開回覆，開展留言辦理工作，涉及中國內地三十一個省區市中的三十個。「強國論壇」「天涯社區」等社交網站以及各級政府開通的官方網站，都成為廣大網民直接表達自己對公共事務的意見和建議的平臺。二○○九年兩會前夕，新華網、搜狐網、騰訊網等各大網站相繼推出的「總理請聽我說」「我有問題問總理」「為省部委建言」「人大代表、政協委員意見徵集」等互動平臺，吸引了數以億計的網民積極參與。中國多省市區人大代表、政協委員和政府部門負責人也紛紛開通了博客、微博，廣泛收集民意民情。

▲ 截至二○一三年底，中國各地政務微博賬號數量已超過二十五萬個。圖為北京市政府新聞辦公室官方微博「北京發佈」。

現如今，在中國，網絡民主已經成為公民參政議政、表達訴求、監督政府和公職人員的重要渠道和形式，也為中國共產黨和中國政府了解社情民意提供了嶄新的窗口。可以預見，網絡民主不僅可能成為中國民主政治發展的一個新的增長點，而且也可能為社會主義民主或人民民主的實現開闢更為廣闊的前景。

第六章

反腐敗與建設廉潔政治

腐敗是一種社會歷史現象，是一個世界性的痼疾，也是社會公眾十分關注的問題。反對腐敗，是中國共產黨和中國政府的一貫主張，也是中國致力於建設廉潔政府的重大舉措。經過多年的實踐，中國已經形成一套比較規範的反腐敗和廉政建設的工作機制，制訂了一系列反腐倡廉的法律法規。同時，中國通過深入開展反腐敗和廉政建設，國家利益、公共利益和公民個人利益得到有效維護，改革發展穩定的局面得以鞏固。中國共產黨和中國政府對反腐敗和廉政建設的長期性、複雜性、艱巨性有著十分清醒的認識，並下大決心完善反腐工作機制和法律制度，堅決懲治腐敗，有效預防腐敗，以反腐敗和廉政建設的實際成效取信於人民。

反腐敗與廉政工作機制

　　中國的反腐敗和廉政建設領導體制與工作機制，是由中國的國體和政體決定的。在反腐敗和廉政建設實踐中，中國探索形成了黨委統一領導、黨政齊抓共管、紀委組織協調、部門各負其責、依靠群眾支持和參與的具有中國特色的反腐敗領導體制和工作機制。中國共產黨是執政黨，中國的反腐敗和廉政建設在中國共產黨領導下進行。

　　中國共產黨和中國政府始終把反腐敗和廉政建設擺在十分重要的位置上。特別是改革開放以來，中共中央制訂了一系列反腐敗和廉政建設工作戰略、方針和政策。自一九九三年以來，中共中央每年通過中央紀委全會向全黨全國部署反腐倡廉工作。國務院每年都召開廉政工作會議，對政府系統的反腐敗和廉政建設作出部署。中共中央、國務院還先後頒佈和修訂了《關於實行黨風廉政建設責任制的規定》，明確要求各級領導班子和領導幹部按照「誰主管，誰負責」的原則，在抓好業務工作的同時，抓好職責範圍內的反腐敗和廉政建設，對違反規定的，進行責任追究。全國各地區各部門按照中央要求，把反腐敗和廉政建設納入經濟社會發展總體規劃，寓於各項改革和重要政策措施之中，同改革發展工作一起部署、一起落實、一起檢查、一起考核，保證了反腐敗和廉政建設紮實有效地向前推進。

　　在中國，反腐敗和廉政建設的職能機構，主要有中國共產黨紀律檢查機關、國家司法機關、政府監察機關和審計機關以及國家預防腐敗局。

　　中國共產黨的各級紀律檢查委員會是依據《中國共產黨章程》設立的

黨內監督的專門機關，由同級黨的代表大會選舉產生，是開展反腐敗和廉政建設的重要機構。其主要任務是：維護黨的章程和其他黨內法規，檢查黨的路線、方針、政策和決議的執行情況，協助黨的委員會加強黨風建設和組織協調反腐敗工作。其經常性工作是：對黨員進行遵守紀律的教育，對黨員領導幹部行使權力進行監督，查處違犯黨紀的案件，受理黨員的控告和申訴，保障黨員的權利。黨的中央紀律檢查委員會在黨的中央委員會領導下進行工作。地方各級紀律檢查委員會和基層紀律檢查委員會在同級

▲ 中央紀委監察部召開新聞發佈會。

黨的委員會和上級紀律檢查委員會雙重領導下進行工作。

人民法院和人民檢察院是依據中國憲法設立的司法機關，分別依法獨立行使審判權和檢察權，不受行政機關、社會團體和個人的干涉。人民法院是國家的審判機關，依法承擔包括貪污賄賂瀆職等腐敗犯罪在內的各類刑事案件的審判工作，及時、公正地對檢察機關提起公訴的貪污賄賂瀆職等案件作出判決，依法懲治腐敗犯罪。人民檢察院是國家的法律監督機關，擔負著依法追究刑事犯罪、偵查國家工作人員貪污賄賂和瀆職侵權等職務犯罪、預防職務犯罪、代表國家向人民法院提起公訴等職能。最高人民法院、最高人民檢察院還通過司法解釋等方式，對貪污賄賂瀆職等腐敗案件的審判、檢察工作進行指導。人民檢察院、人民法院對偵查、審判案件過程中發現引發職務犯罪的重要問題，及時向有關部門和單位提出檢察建議和司法建議。

政府監察機關是依據中國憲法設立的行使監察職能的機關，依法對國家行政機關及其公務員和國家行政機關任命的其他人員，對法律、法規授權的具有公共事務管理職能的組織及其從事公務的人員，對國家行政機關依法委託從事公共事務管理活動的組織及其從事公務的人員執法、廉政、效能情況進行監察。

審計機關是依據中國憲法設立的審計監督機構，依法對國務院各部門和地方各級人民政府及其各部門的財政收支、國有金融機構和國有企業事業單位的財務收支等進行審計監督。中國還建立了經濟責任審計制度，對國家機關和依法屬於審計對象的其他單位主要負責人進行審計監督。

國家預防腐敗局是中國政府為統籌預防腐敗工作而專門設置的機構。其主要職責是：負責全國預防腐敗工作的組織協調、綜合規劃、政策制

訂、檢查指導，協調指導企業、事業單位、社會團體、中介機構和其他社會組織的防治腐敗工作，負責預防腐敗的國際合作和技術援助。

　　公安、金融等其他有關部門和機構，也在自身職責範圍內依法承擔反腐敗和廉政建設的相關工作。此外，人民群眾的支持和參與是反腐敗和廉政建設取得成功的重要基礎。各社會團體、新聞媒體和廣大人民群眾，在建言獻策、參與監督、揭露腐敗等方面發揮著重要作用。

　　這些具有不同職能的機構和團體，在反腐倡廉各項工作中既相對獨

▲ 國務院召開廉政工作會議。

立、各司其職，又相互協調、密切配合。中國共產黨的紀律檢查機關在掌握黨員違紀線索之後，經調查認定為違犯黨紀的，對其作出相應的黨紀處分；對其中涉嫌犯罪的，移送司法機關處理。政府監察機關對於違犯政紀的監察對象，作出相應政紀處分；涉嫌犯罪的，移送司法機關處理。公安、審計、行政執法機關在履行職責過程中發現有違法違紀行為的，根據具體情況分別移送司法機關或黨的紀律檢查機關、政府監察機關處理。人民法院、人民檢察院在履行職責過程中發現犯罪嫌疑人涉嫌違犯黨紀或政紀的，將有關證據材料移送黨的紀律檢查機關或政府監察機關處理。

中國從事反腐敗工作的機構承擔著開展反腐敗和廉政建設、維護社會公平正義的重大責任。近年來，這些機構採取一系列措施，對執法執紀幹部隊伍嚴格要求、嚴格教育、嚴格管理、嚴格監督，切實加強自身建設。通過加強內部管理和制度建設，完善制約監督機制，督促執法執紀人員秉公用權、嚴格自律；通過推行權力公開透明運行、廉政監督員等制度，督促執法執紀人員牢固樹立接受監督意識，自覺接受各方面監督，不斷提高執法執紀能力和水平，為中國的反腐敗和廉政建設提供組織保證。

反腐敗與廉政建設法規制度

　　中國是一個法治國家。中國共產黨和中國政府重視發揮法律法規制度的規範和保障作用，不斷推進反腐敗和廉政建設法制化、規範化。以憲法為依據，中國制訂了一系列反腐倡廉法律法規；以《中國共產黨章程》為依據，制訂了一系列中國共產黨黨內制度規定，逐步形成內容科學、程序嚴密、配套完備、有效管用的反腐敗和廉政建設法律法規制度體系。

　　——制訂了一系列黨員領導幹部廉潔從政的行為準則和道德規範，建立健全防止利益衝突制度。一九九七年開始試行、二〇一〇年修訂實施的《中國共產黨黨員領導幹部廉潔從政若干準則》，明確提出嚴禁黨員領導幹部違反規定私自從事營利性活動、利用職權和職務上的影響謀取不正當利益等，比較全面地規範了社會主義市場經濟條件下黨員領導幹部的廉潔從政行為，成為規範黨員領導幹部從政行為的基礎性黨內法規。針對權錢交易案件中出現的新情況新問題，二〇〇七年頒佈的《中共中央紀委關於嚴格禁止利用職務上的便利謀取不正當利益的若干規定》，明確了對黨員幹部在經濟和社會交往中可能出現以權謀私等八種行為的處理辦法；二〇〇九年頒佈的《國有企業領導人員廉潔從業若干規定（試行）》，明確提出嚴禁國有企業領導人員利用職權為本人或特定關係人謀取利益以及損害企業權益等行為。為規範領導幹部廉潔從政行為，《關於對黨和國家機關工作人員在國內交往中收受禮品實行登記制度的規定》明確要求黨和國家機關工作人員不得收受可能影響公正執行公務的禮品饋贈；《關於領導幹部報告個人有關事項的規定》要求領導幹部如實報告本人收入，本人及

配偶、共同生活的子女房產、投資，以及配偶子女從業等情況；還有《關於對配偶子女均已移居國（境）外的國家工作人員加強管理的暫行規定》等。這些規定，對維護國家利益、依法依紀加強對黨員和國家工作人員的管理，提高領導幹部廉潔從政意識，具有重要作用。

——制訂了一系列法律法規制度，以加強對領導幹部行使權力的制約和監督。二〇〇七年施行的《中華人民共和國各級人民代表大會常務委員會監督法》，以法律形式對各級人民代表大會常務委員會加強對同級人民政府、人民法院和人民檢察院行政權、審判權、檢察權的監督作出規定。還制訂了《中華人民共和國行政監察法》《中華人民共和國審計法》《中華人民共和國行政復議法》《中華人民共和國行政訴訟法》等法律，建立了行政監察、審計監督、行政復議和行政訴訟制度，加強對行政機關及其工作人員的監督。中共中央制訂《中國共產黨黨內監督條例（試行）》及

▲ 反腐倡廉公益廣告

▲ 反腐倡廉展

《中國共產黨巡視工作條例（試行）》《關於對黨員領導幹部進行誡勉談話和函詢的暫行辦法》《關於黨員領導幹部述職述廉的暫行規定》等一系列規定，對黨內監督的各項具體工作進行規範和完善。

　　——制訂並完善包括刑事處罰、黨紀處分和政紀處分在內的懲處違法違紀行為的實體性法律法規。在刑事處罰方面，通過制訂和修訂《中華人民共和國刑法》，規定了貪污罪、受賄罪、行賄罪、失職瀆職罪、巨額財產來源不明罪等腐敗犯罪的刑事責任，最高人民法院、最高人民檢察院發佈了相關司法解釋，使之成為懲治腐敗犯罪的重要法律依據。在黨紀處分方面，中國共產黨頒佈《中國共產黨紀律處分條例》及其配套規定，具體規定黨員違反廉潔自律規定行為、貪污賄賂行為、違反財經紀律行為等違犯黨紀行為及其量紀標準，明確警告、嚴重警告、撤銷黨內職務、留黨察

看和開除黨籍五種黨紀處分。在政紀處分方面，國家頒佈《行政機關公務員處分條例》，具體規定政紀處分原則、權限以及各類違紀行為及其量紀標準，明確警告、記過、記大過、降級、撤職、開除六種政紀處分。

——注重程序性法律法規建設。國家立法機關、司法機關和有關部門制訂了《中華人民共和國刑事訴訟法》《人民檢察院刑事訴訟規則》《監察機關調查處理政紀案件辦法》等法律法規，中國共產黨頒佈《中國共產黨紀律檢查機關案件檢查工作條例》等規定，對違法案件和違紀案件的受理、調查、審理和申訴工作予以規範，並建立證人和舉報人保護制度、案件移送和協調配合制度以及被告人和受處分人權利保障制度。

——制訂了一批與預防腐敗密切相關的法律法規。制訂《中華人民共和國行政許可法》，規範行政許可的設定和實施，保障和監督行政機關有效實施行政管理。制訂《中華人民共和國公務員法》，規範公務員的管理，加強對公務員的監督，促進勤政廉政。制訂《中華人民共和國政府採購法》《中華人民共和國反壟斷法》《中華人民共和國招標投標法》，規範行政自由裁量權，發揮市場在資源配置中的基礎性作用，有效防止腐敗行為的發生。制訂《中華人民共和國法官法》《中華人民共和國檢察官法》《中華人民共和國人民警察法》，明確規定司法工作人員的任職條件、管理方式和監督措施，強化了廉潔司法的要求。中國各地區各部門也依據憲法和國家法律，制訂了與反腐敗相關的地方性法規、地方政府規章和部門規章，完善了中國的反腐敗和廉政建設法律法規制度體系。

在完善法律法規的同時，近年來，中國堅持用發展的思路和改革的辦法預防和治理腐敗。針對容易滋生腐敗的重點領域和關鍵環節，大力推進體制改革和制度創新，建立適合時代發展要求的新體制新機制，如推進行

政審批制度改革、司法體制改革、財政管理體制改革、投資體制改革以及金融體制改革，建立市場配置資源制度。通過改革和制度創新，有效地規範了政府和司法機關的行為，從源頭上防治腐敗。

中國在反腐與廉政法律制度建設上已取得很大進展，對預防和遏制腐敗，建設廉潔、公正、透明的政治環境起到了十分重要的作用。但是，也應該看到，中國在這個方面的法律制度還不完善，今後不僅需要更加注重法律法規制度的貫徹實施，而且應根據形勢發展繼續制訂新的、修訂原有的反腐敗和廉政建設法律法規制度，使之不斷發展和完善。

依法嚴厲懲治腐敗

中國共產黨和中國政府堅持在法律和紀律面前人人平等，嚴肅查處黨員幹部和國家工作人員中的腐敗行為，保持懲治腐敗的強勁勢頭。

中國針對不同時期腐敗現象發生的特點，確定查辦案件的重點。二十世紀八〇年代，重點打擊嚴重經濟犯罪活動和利用價格「雙軌制」非法倒買倒賣行為。二十世紀九〇年代，以查辦黨政領導機關、行政執法機關、司法機關、經濟管理部門和縣(處)級以上領導幹部的違法違紀案件為重點，著重查處貪污賄賂、挪用公款、失職瀆職、貪贓枉法、腐化墮落等方面的案件，加大對金融、房地產、工程建設等領域案件的查處力度。進入二十一世紀，在繼續堅持查處以上重點案件的同時，著重查辦領導幹部利用人事權、司法權、行政審批權、行政執法權等搞官商勾結、權錢交易、索賄受賄的案件，為黑惡勢力充當「保護傘」的案件，嚴重侵害群眾利益的案件，群體性事件和重大責任事故背後的腐敗案件。

中國共產黨紀律檢查機關和政府監察機關始終堅持依法依紀查辦腐敗案件，做到事實清楚、證據確鑿、定性準確、處理恰當、手續完備、程序合法。嚴格規範舉報、受理、初核、立案、調查、審理、處分、執行、案件監督管理等各個環節，堅持文明規範辦案，保障被調查人員的人身權、財產權、申辯權、申訴權和知情權等合法權益。

人民檢察院依法對貪污賄賂、瀆職侵權等國家工作人員職務犯罪直接立案偵查，並代表國家向人民法院提起公訴。檢察機關接受貪污賄賂、瀆職侵權犯罪的舉報和有關部門移送的案件後，及時對舉報線索和案件材料

▲ 反腐倡廉警示教育大會上，職務犯罪的服刑人員以身說法。

進行審查和初步調查，有犯罪事實並需要追究刑事責任的，依照程序對案件立案偵查，依法查明犯罪嫌疑人的犯罪事實。案件偵查終結後，根據查明的事實和證據，依法作出處理，其中對犯罪事實已經查清，證據確實、充分，依法應當追究刑事責任的，由人民檢察院反貪污賄賂、反瀆職侵權部門移送公訴部門審查後向人民法院提起公訴。僅二〇一二年一年內，中國各級檢察機關共立案偵查貪污賄賂、瀆職侵權等職務犯罪案件34326件47338人。在懲治受賄犯罪的同時，中國完善行賄犯罪檔案查詢系統，加大懲治和預防行賄犯罪力度。二〇〇七年至二〇一二年五年內，中國檢察機關共追究一點九萬名行賄人刑事責任。

人民法院作為國家審判機關，依法獨立行使審判權。在中國，未經人

▲ 反腐倡廉警示教育基地，講解員向人們介紹典型腐敗案例。

民法院依法判決，對任何人都不得確定有罪。對於檢察機關依法提起公訴的貪污賄賂瀆職等腐敗犯罪案件，人民法院依法進行審理，按照罪刑法定、法律面前人人平等、罪責刑相適應的原則定罪量刑。除涉及國家祕密、商業祕密、個人隱私和未成年人犯罪外，人民法院審判案件一律公開進行，並保障訴訟參與人依法享有訴訟權利，保證被告人充分行使辯護權。在審判腐敗犯罪案件的過程中，人民法院堅持對任何人犯罪在適用法律上一律平等的原則，不論腐敗分子現任或曾任職務多高，只要構成犯罪就依法定罪處罰，既不允許其有超越法律的特權，也不因為其特殊身分和社會壓力就加重處罰。

　　為準確適用法律、統一司法尺度，最高人民法院和最高人民檢察院在

總結貪污賄賂瀆職等腐敗犯罪案件審判和公訴經驗的基礎上，依法適時制訂相關的司法解釋，及時解決審判和公訴工作中出現的新問題，對指導各級人民法院和人民檢察院正確審理、公訴案件，起到了重要作用。

中國集中開展治理商業賄賂專項工作。近年來，重點查處工程建設、土地使用權和探礦採礦權出讓、產權交易、醫藥購銷、政府採購、資源開發和經銷等六大領域以及銀行信貸、證券期貨、商業保險、出版發行、體育、電信、電力、質檢和環保等方面的商業賄賂行為，依法依紀打擊跨國（境）商業賄賂行為。自二〇〇五年集中開展治理商業賄賂工作以來至二〇一一年，中國共查處商業賄賂案件九點四萬餘起，涉案金額超過二百五十億元。

中國政府把糾正損害群眾利益的不正之風作為反腐敗的重要內容。針對一些地方和部門存在的亂漲價、亂收費、亂罰款、亂攤派等損害群眾利益的行為，採取了專項治理措施。針對農村土地徵收、城鎮房屋拆遷、國有企業重組改制、醫藥購銷和醫療服務中出現的損害群眾利益問題，以及拖欠農民工工資等突出問題，採取專項檢查等措施予以糾正。國家加快改革步伐，相繼取消農業稅和義務教育階段收費，推行教育、醫藥衛生體制改革等一系列改革措施，為糾正損害群眾利益的不正之風創造了條件。

廉政教育與廉政文化

　　在反腐敗與廉政建設中，中國不僅重視預防和懲處腐敗，而且高度重視廉潔教育，並把它看成是一項基礎性工作。這是中國反腐敗鬥爭的一大特色。多年來，中國堅持不懈地在國家工作人員中開展廉潔從政教育，在全社會加強廉政文化建設，促使國家工作人員增強廉潔自律意識，努力推動全社會形成崇尚廉潔的良好風尚。

　　中國重視對黨員和國家工作人員進行國家法律法規和黨紀政紀教育。中共中央政治局經常組織有關法制的集體學習，對推動全社會特別是黨員和國家工作人員提高法律意識起到良好的帶動作用。目前，中國共產黨的各級組織和國家機關集體學習已形成制度。中國政府積極開展全民普法教育，從一九八六年起，在全體公民特別是國家工作人員中連續實施了五個五年普及法律知識教育（目前正在實施第六個），增強了公眾的法治觀念和對國家機關、國家工作人員廉潔從政的監督意識。

　　中國強化對國家工作人員的廉政教育培訓，築牢拒腐防變的思想道德防線。制訂《幹部教育培訓工作條例（試行）》和全國幹部教育培訓規劃，把廉潔從政教育作為幹部教育培訓的重要內容。中國共產黨的各級黨校、政府的各級行政學院和其他幹部培訓機構，把廉潔從政教育納入教學計劃，作為各級領導幹部的必修課程。建立五十個全國廉政教育基地，編寫廉潔從政教育讀本，有針對性地開展崗位廉政教育和培訓。對於新任領導幹部和新錄用的國家工作人員，進行任職和上崗前的廉政培訓，建立廉政培訓檔案。一些省(自治區、直轄市)在領導幹部選拔前進行廉政法律法

▲ 廉政教育基地

規考試，並將考試合格作為重要的任職條件。在領導幹部任職前進行廉政談話，做到防範在先。

中國注重開展示範教育和警示教育。通過新聞媒體報導、召開先進事蹟報告會、拍攝影視作品等形式，宣傳黨員幹部和國家工作人員中的先進典型和他們的事蹟。通過編寫典型案例教材、拍攝警示教育片、建設警示教育基地、舉辦警示教育展覽以及涉案人員現身說法等靈活多樣的形式，教育廣大黨員幹部和國家工作人員引以為戒，發揮典型案件的教育作用，達到懲處一個、教育一片的目的。

中國重視開展廉政文化建設，弘揚以廉為榮、以貪為恥的社會風尚。制訂《關於加強廉政文化建設的意見》，推動廉政文化進機關、社區、家

庭、學校、企業和農村。注重繼承和發揚中華優秀傳統中的廉政文化精華，以文學藝術、影視作品、書畫展覽和公益廣告等形式表現廉政文化的豐富內涵，推出一批主題昂揚向上、時代特色鮮明、體現人文關懷的優秀廉政作品。通過這些內容豐富、形式多樣、喜聞樂見的廉政文化活動，歌頌了中華民族崇尚廉潔的優良傳統，展示了廉政建設的豐碩成果，推進了廉政文化建設深入開展。

▲ 廉潔教育課堂上，小學生們展示他們創作的廉潔文化手抄報。

中國廉政教育特別強調從娃娃抓起。許多小學、中學和大學專門開設廉潔教育課程，編寫相關教材，有的還配備專門師資力量。同時，充分利用中小學生的夏令營、冬令營，以及大學生社會實踐和校園文化建設等課外活動開展廉潔教育，培養青少年廉潔、誠信、守法的良好道德意識和法治觀念。

反腐敗國際交流與合作

　　隨著世界經濟一體化步伐加快，各國腐敗行為呈現出有組織、跨國境的趨勢。加強反腐敗國際交流與合作，成為世界各國、各地區的共識。中國重視反腐敗領域的國際交流與合作，主張在尊重主權、平等互利、尊重差異、注重實效的原則下，與世界各國、各地區和有關國際組織加強合作，互相借鑑，共同打擊腐敗行為。

　　中國加強同世界各國、各地區及有關國際組織的反腐敗交流與合作，已經成為國際反腐敗的重要力量。截至二〇一〇年底，中國已與六十八個國家和地區簽訂了一百零六項各類司法協助條約。與美國建立了中美執法合作聯合聯絡小組，並設立反腐敗專家組；與加拿大建立了司法和執法合作磋商機制。中共中央紀律檢查委員會和中華人民共和國監察部同八十多個國家和地區的反腐敗機構開展了友好交往，與俄羅斯等八個國家的相關機構簽署了合作協議；與聯合國、歐盟、世界銀行、亞洲開發銀行、經合組織等國際組織開展了多領域的交流與合作，積極參與二十國集團、亞太經合組織等框架內的反腐敗合作機制。最高人民檢察院先後與八十多個國家和地區的相關機構簽署了檢察合作協議。公安部與四十四個國家和地區的相關機構建立了六十五條二十四小時聯絡熱線，同五十九個國家和地區的內政警察部門簽署了二百一十三份合作文件。

　　為推動反腐敗國際交流與合作，中國於二〇〇五年批准加入了《聯合國反腐敗公約》。為履行公約規定的各項義務，中國成立了由二十四個機關和部門組成的部際協調小組，具體承擔國內履約的組織協調工作，做好

▲ 二〇〇五年十月二十七日，十屆全國人大常委會十八次會議表決批准加入《聯合國反腐敗公約》。

有關國內法與公約的銜接工作。二〇〇六年頒佈《中華人民共和國反洗錢法》，以預防、遏制洗錢犯罪及相關犯罪。先後批准加入四個與反洗錢相關的國際公約，並成為金融行動特別工作組、歐亞反洗錢和反恐融資組織、亞太反洗錢組織的成員。二〇〇七年成立國家預防腐敗局，開展預防腐敗的國際合作和技術援助。

　　中國還積極加入相關反腐敗國際組織，參加和舉辦反腐敗國際會議。一九九六年中國和巴基斯坦等國發起成立亞洲監察專員協會。二〇〇三年批准加入《聯合國打擊跨國有組織犯罪公約》，這是第一個針對跨國有組織犯罪的全球性公約。二〇〇五年加入亞太經合組織反腐敗與提高透明度工作組、亞洲開發銀行/經合組織亞太地區反腐敗行動計劃。二〇〇六年

▲ 引渡和遣返外逃腐敗犯罪嫌疑人是反腐敗國際合作的重要內容。目前，中國已與三十五個國家締結了雙邊引渡條約。圖為中國與法國簽署引渡條約。

中國最高人民檢察院發起成立國際反貪局聯合會，這是世界上首個以各國、各地區反貪機構為成員的國際組織。近年來，中國還成功舉辦第七屆國際反貪污大會、亞洲監察專員協會第七次會議、第五次亞太地區反腐敗會議、國際反貪局聯合會首屆年會、亞太經合組織反腐敗研討會等國際會議，多次參加全球反腐倡廉論壇、政府改革全球論壇、國際反貪污大會等國際性反腐敗會議。

引渡和遣返外逃腐敗犯罪嫌疑人是反腐敗國際合作的重要內容。一九八四年，中國加入國際刑警組織，加強了抓捕外逃腐敗犯罪嫌疑人方面的國際合作。二〇〇〇年頒佈了《中華人民共和國引渡法》，為中國與外國加強引渡合作提供了法律基礎。目前，中國已與三十五個國家締結了雙邊

引渡條約，加入含有司法協助、引渡等內容的二十八項多邊公約。中國還可以依據《聯合國反腐敗公約》《聯合國打擊跨國有組織犯罪公約》等國際公約，與世界一百多個國家開展包括引渡在內的國際司法合作。

　　反對腐敗、建設廉潔政治是全人類的共同願望，也是世界各國政府和政黨面臨的共同課題。加強反腐敗國際交流與合作是中國政府的既定政策。中國將在國際和地區性反腐敗交流與合作中發揮積極作用，與世界各國一道，為建設一個公正廉潔、和諧美好的世界而努力奮鬥。

　　幾十年來，中國共產黨和中國政府為反對腐敗和推動廉政建設，作出了不懈的努力，取得了明顯成效。經過長期的探索，中國在反腐敗和廉政建設上認識不斷深化，積累了豐富的實踐經驗，確保了經濟較快發展和社

▲ 國際反貪局聯合會二〇一四研討班成員參觀北京市人民檢察院職務犯罪偵查預防指揮中心。

會穩定。中國國家統計局的民意調查結果顯示，民眾對防治腐敗成效滿意度由二〇〇三年的 51.9% 上升到二〇一一年的 72.7%。國際社會也給予積極評價。二〇〇五年至二〇〇八年，透明國際組織給中國清廉指數評分由 3.2 上升到 3.8，二〇一一年排名比二〇一〇年上升了三位。

可以肯定的是，隨著中國社會主義市場經濟體制的不斷完善，社會主義民主政治的不斷發展和法律制度體系的逐步完備，以及社會、文化等各方面事業的不斷進步，中國共產黨和中國政府完全能夠依靠自身力量和廣大人民群眾的支持，把腐敗現象減少到最低程度，打造公正、公開、透明、廉潔的政治環境。

新社會主義研究叢刊 AA201004

當代中國政治

作　　　者	溫樂群、陳堅
責任編輯	陳胤慧
版權策畫	李煥芹
發 行 人	陳滿銘
總 經 理	梁錦興
總 編 輯	陳滿銘
副總編輯	張晏瑞
編 輯 所	萬卷樓圖書股份有限公司
排　　　版	菩薩蠻數位文化有限公司
印　　　刷	維中科技有限公司
封面設計	菩薩蠻數位文化有限公司

出　　　版　昌明文化有限公司
桃園市龜山區中原街 32 號
電話　(02)23216565
發　　　行　萬卷樓圖書股份有限公司
臺北市羅斯福路二段 41 號 6 樓之 3
電話　(02)23216565
傳真　(02)23218698
電郵　SERVICE@WANJUAN.COM.TW
大陸經銷　廈門外圖臺灣書店有限公司
　　　　電郵　JKB188@188.COM

ISBN 978-986-496-431-4
2019 年 3 月初版
定價：新臺幣 300 元

如何購買本書：

1. 轉帳購書，請透過以下帳戶
　　合作金庫銀行　古亭分行
　　戶名：萬卷樓圖書股份有限公司
　　帳號：0877717092596
2. 網路購書，請透過萬卷樓網站
　　網址　WWW.WANJUAN.COM.TW

大量購書，請直接聯繫我們，將有專人為您
服務。客服：(02)23216565　分機 610

如有缺頁、破損或裝訂錯誤，請寄回更換

國家圖書館出版品預行編目資料

當代中國政治 / 溫樂群, 陳堅著.-- 初版.--
桃園市：昌明文化出版；臺北市：萬卷樓
發行, 2019.03
　　冊；　公分
ISBN 978-986-496-431-4 (平裝)

1.政治發展　2.中國

574.1　　　　　　　　　　　108003032